治理理论研究

马苏敏 著

图书在版编目(CIP)数据

治理理论研究 / 马苏敏著. -- 北京：知识产权出版社, 2025.8. -- ISBN 978-7-5245-0075-9

Ⅰ.C916

中国国家版本馆CIP数据核字第2025ND7777号

内容提要：

本书以治理理论为研究对象，从理论产生背景出发，梳理了该理论的兴起与发展类型，阐述了该理论的功能、局限及其实践应用，探讨其理论意义与现实启示。全书旨在实现对该理论的系统性和整体性研究，并为当代治理实践提供可资借鉴的方法路径和思路指导。

本书适用于关注治理理论研究的高校师生、政府部门，以及社区治理领域的相关从业人员。

责任编辑：阴海燕　　　　　　　　　　　　　　责任印制：孙婷婷

治理理论研究
ZHILI LILUN YANJIU

马苏敏　著

出版发行	知识产权出版社有限责任公司	网　址	http://www.ipph.cn
电　话	010-82004826		http://www.laichushu.com
社　址	北京市海淀区气象路50号院	邮　编	100081
责编电话	010-82000860转8693	责编邮箱	laichushu@cnipr.com
发行电话	010-82000860转8101	发行传真	010-82000893
印　刷	北京中献拓方科技发展有限公司	经　销	新华书店、各大网上书店及相关专业书店
开　本	720mm×1000mm 1/16	印　张	9
版　次	2025年8月第1版	印　次	2025年8月第1次印刷
字　数	120千字	定　价	58.00元

ISBN 978-7-5245-0075-9

出版权专有　侵权必究

如有印装质量问题，本社负责调换。

前 言

德国著名社会学家乌尔里希·贝克(Ulrich Beck)曾说过,我们已经迈入了风险社会的门槛。❶在这个时代,自然风险与社会风险相互交织,使得人们置身于一个充满变革、矛盾和问题的复杂环境之中。金融危机、恐怖活动、生态失衡、自然灾害、重大疫情等问题层出不穷,这些问题破坏性大,波及范围广,影响深远。在如此背景下,寻找一种既安全稳妥又高效的方法来解决这些棘手问题显得尤为迫切。正是在这样的现实需求下,治理理论应运而生。

治理理论起源于20世纪80年代,旨在应对20世纪70年代全球范围内出现的政府失灵和市场失灵问题。有学者指出,随着治理理论的兴起和发展,逐渐演变出许多新的公共管理范式,如网络化治理、整体性治理、数字治理等。❷这一说法有一定的合理性,因为治理理论的出现重点是为了解决国家事务中的公共问题,因此其与公共管理范式的转变有着极大的关联性。但这一说法也有值得商榷的地方,即治理问题广泛存在于社会发展的各个领域,治理理论更是一个涉及政治学、社会学、国际关系等多学科的综合性理论,仅仅从公共管理学科的视角来解读治理理论,可能会忽略其跨学科的丰富内涵和广阔视野。本书试图从更宏观的角度对治理理论进行研究,而非囿于某一学科,避免因学科视域的单一性而割裂治理理论研究的完整性和客观性。跨学科的研究方法有利于我们更深入地理解和把握治理理论的含义、特征和应用价值等核心问题,从而为解

---

❶ 贝克.风险社会[M].何博闻,译.南京:译林出版社,2004:2.
❷ 韩兆柱.公共治理前沿理论及其应用研究[M].秦皇岛:燕山大学出版社,2021:176.

决现实治理问题提供更全面、更科学的指导。

本书从治理理论本身展开研究,主要涉及治理理论的产生、发展、应用、评价、启示等内容,力求对治理理论进行相对系统完整的梳理和分析。全书总共分为六个部分,主要内容如下:绪论部分主要阐述了本书的选题缘起、研究意义、研究内容、研究方法、创新点及不足之处。该部分的介绍和铺垫,为后续章节的展开奠定了基础。第一章回溯治理理论产生的历史背景。不仅要关注治理理论的"后世之果",更要深入挖掘其"前世之因"。通过对历史背景的阐述,为治理理论的兴起与发展提供丰富的历史依据。第二章详细论述了治理理论的兴起过程。通过深入分析治理的含义,梳理治理理论的主要论点,并总结其基本特征,使读者对治理理论有初步和基本的认识。第三章聚焦治理理论的发展类型。选取了治理理论最具代表性的四个发展类型,并逐一展开分析和论述。通过对不同发展类型的探讨,展现了治理理论的多样性发展和基于不同研究视角的丰富内容。第四章主要阐述了治理理论的基本功能、理论困境和实践应用。该部分的研究不仅深化了读者对治理理论的认识,还揭示了治理理论的局限性及其在实践中的应用前景。第五章总结了治理理论的理论意义与现实启示。通过将治理理论与治理实践相对接和相观照,既实现了对治理理论的理论提升,也实现了对现实治理实践的有益指导。

目 录

绪 论 ·········· *001*
第一节 研究缘起 ·········· *001*
第二节 研究意义 ·········· *005*
第三节 研究内容与研究方法 ·········· *006*

第一章 治理理论的产生背景 ·········· *013*
第一节 福利国家的危机 ·········· *014*
第二节 发展中国家的发展瓶颈 ·········· *020*
第三节 全球化的发展 ·········· *023*

第二章 治理理论的兴起 ·········· *031*
第一节 治理的含义 ·········· *031*
第二节 治理理论的代表性论点 ·········· *035*
第三节 治理理论的基本特征 ·········· *042*

第三章 治理理论的发展类型 ·········· *047*
第一节 网络化治理理论 ·········· *047*
第二节 整体性治理理论 ·········· *057*
第三节 数字治理理论 ·········· *066*
第四节 元治理理论 ·········· *075*

第四章　治理理论的基本功能、理论困境和实践应用 ………… 085
第一节　治理理论的基本功能 ………………………………… 085
第二节　治理理论的理论困境 ………………………………… 091
第三节　治理理论的实践应用 ………………………………… 096

第五章　治理理论的理论意义与现实启示 ………………… 107
第一节　治理理论的理论意义 ………………………………… 107
第二节　治理理论的现实启示 ………………………………… 112

结语与展望 ………… 121
参考文献 ………… 123
后　　记 ………… 135

绪 论

第一节 研究缘起

2019年10月31日,习近平总书记在党的十九届四中全会报告中指出:"构建系统完备、科学规范、运行有效的制度体系,加强系统治理、依法治理、综合治理、源头治理,把我国制度优势更好转化为国家治理效能,为实现'两个一百年'奋斗目标、实现中华民族伟大复兴的中国梦提供有力保证"❶。2022年10月16日,习近平总书记在党的二十大报告中又进一步指出:"坚持和完善中国特色社会主义制度、推进国家治理体系和治理能力现代化"❷。推进国家治理体系和治理能力现代化对于促进经济发展、维护社会稳定、推动全面深化改革具有重要意义。它是实现国家长治久安和人民安居乐业的重要保障,是实现中华民族伟大复兴的必由之路。而治理理论作为实现国家治理体系和治理能力现代化的重要理论支撑,其研究具有迫切性和必要性。

一、治理理论是当前学术界关注的前沿和热点问题

治理理论产生于20世纪80年代。2000年俞可平主编的论文集《治理

---

❶ 习近平.中共中央关于坚持和完善中国特色社会主义制度推进国家治理体系和治理能力现代化若干重大问题的决定[M].北京:人民出版社,2019:5.

❷ 习近平.高举中国特色社会主义伟大旗帜为全面建设社会主义现代化国家而团结奋斗:在中国共产党第二十次全国代表大会上的报告[M].北京:人民出版社,2022:2.

与善治》是治理理论传入中国的里程碑事件。此后,治理理论在国内迅猛发展,时至今日依然是学术界研究的前沿和热点问题。如图1-1所示,"治理理论"研究年度发文数量从1990年到2024年虽有起伏,但总体上呈上升发展趋势。其中,1990年以"治理"为搜索关键词的发文数量为6131篇,而2023年则增至96448篇,这无疑有力地证明了治理理论在传入国内的几十年间备受关注并得到了蓬勃发展。国内的专家学者坚持将治理理论与我国的实际国情相结合,现已逐渐探索出具有中国特色、符合中国特点的治理理论研究体系。此外,在当今世界竞争日益激烈的环境下,国家之间的竞争已不仅仅局限于经济、政治和科技等传统领域,治理能力也成了衡量一个国家综合实力和国际竞争力的重要指标。鉴于治理理论在指导治理实践和提升国家治理能力方面的重要作用,在今后的社会发展过程中,治理理论的重要性和热度不仅不会削减,反而会日益凸显,治理理论自身也将更具现实意义和理论活力。

二、治理理论是时代发展的现实需要

随着经济全球化的推进,当今世界正经历着深刻变革,世界局势波诡云谲,空间格局不断变换,利益不断分化整合,社会风险系数迅速增长,危机事件频有发生,社会展现出多元化、个性化、开放性、流动性等新特征。面对社会发展的高度复杂性和高度不确定性,人们根据以往的经验已难以应对这些变化,同时在处理新问题、新情况的过程中往往感觉力不从心,人类社会迫切需要一种解决目前所遇到问题的新的思路和方法。正如马克思、恩格斯所言:"一切划时代的体系的真正的内容都是由产生这些体系的那个时期的需要而形成起来的。"❶社会发展的新问题和新需要呼唤新理论的出现。面对横亘在面前的棘手问题,人们意识到采取

---

❶ 马克思恩格斯全集:第3卷[M].北京:人民出版社,1960:544.

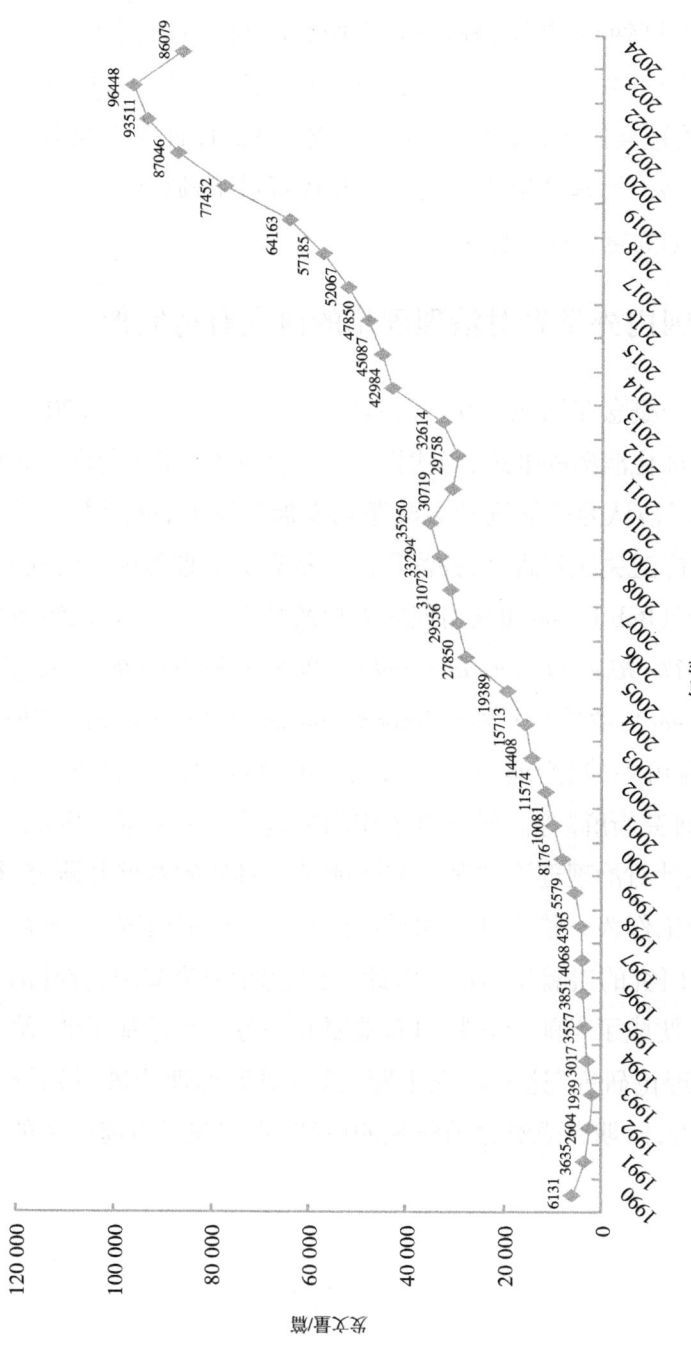

图1-1 以"治理"为搜索关键词1990—2024年的发文量年度趋势

资料来源:中国知网数据库可视化分析(2025年6月12日)。

之前传统的"单打独斗、孤军奋战"的解决办法已行不通,取而代之的应是"抱团取暖、同舟共济"的全新理念,唯有如此,人类才能处理好纷繁复杂、瞬息万变的社会问题,有效化解社会矛盾,从而保证人类社会的有序运行和正常发展。治理理论便在这样的时代背景下顺势而生,成为人们分析与解决问题的重要理论框架和范式。

三、目前国内外学界对治理理论的研究有待完善

"治理"这一概念在初现时并未受到广泛关注。然而,随着20世纪90年代第三次全球化浪潮的推进,当代世界的经济、政治和社会格局面临深刻转型,"治理"被认为是促进社会改革与发展的良方,从而引发了国内外专家学者的广泛关注和研究,并涌现出一批有关治理理论的研究力作,如鲍勃·杰索普(Bob Jessop)的《治理的兴起及其失败的风险:以经济发展为例的论述》(*The Rise of Governance and the Risks of Failure: the Case of Economic Development*)、罗伯特·罗茨(Robert Rhoads)的《新的治理》(*The New Governance*),俞可平的《治理与善治》,王浦劬、臧雷振的《治理理论与实践:经典议题研究新解》等。仔细研读和剖析这些研究文献后发现,国内外学者大多是针对治理理论的某一方面或某一具体问题展开研究,很少有人将治理理论作为一整套理论体系进行专门系统的研究,这不得不说是对治理理论研究的遗漏和不足。因此,突破当前研究局限,弥补治理理论研究的欠缺便成了当前十分紧迫而重要的任务。正是基于此,笔者决定选择"治理理论研究"这一研究主题,试图对治理理论进行系统的梳理、归纳和分析,以期完成对之前研究的总结,也实现对当前研究的添砖加瓦。

第二节 研究意义

一、治理理论为解决现实问题提供了全新的视角和方法

当代社会是一个充分发展的社会,也是一个充满风险与挑战的社会,社会的高度复杂性会放大传统治理方式固有的"缺陷",使得一些原本属于治理的小问题突变为击溃千里之堤的"蚁穴"。以韦伯的科层制为代表的传统官僚模式以其稳定性曾在国家事务的管理中发挥过积极作用,但随着时代的改革与发展,权力与管理的传统治理方式已经不能担当如今的治理重任,其在处理和解决社会问题的过程中常常出现治理的低效率和治理失败。社会发展的多元化要求治理方式要完成由"传统管理"向"灵活治理"的转变。治理理论从治理一般问题到治理特殊问题都有着自身的优势。治理理论所强调的多主体、跨部门、跨领域、跨利益相关方的共同参与和合作,能有效应对更加复杂的治理问题,在治理可能性上展现出了更高的上限和更广的空间。治理理论所主张建立的平等的、流动自由的、去中心化的"蜂巢式"的网络治理结构,可以实现治理资源的最大化利用,避免出现高成本低效用的治理困局,真正提升治理的效能。同时,网络化的"蜂巢式"治理结构还可以克服传统治理模式下存在的"行政傲慢"和"肮脏的手"的问题,从根本上改善和规制政府这一重要治理主体的治理行为。可以说,治理理论为当今时代解决治理难题提供了全新的视角和方法。

二、治理理论对当今社会治理、国家治理乃至全球治理具有重要意义

治理理论是社会治理、国家治理和全球治理的理论基础和前提,社会

治理、国家治理和全球治理是治理理论在不同层次和领域的实践应用。在社会治理方面,治理理论提倡多元主体共同参与社会公共事务的管理,这有利于增强治理主体的自治意识和责任感,提高社会治理效率;提倡权力制衡、民主参与、社会公正,这有利于减少社会不公现象,维护社会和谐稳定;提倡沟通协调、了解民意、利益平衡,这有助于治理决策优化,提高治理决策的科学性和有效性。在国家治理方面,治理理论主张通过有效的制度设计和组织结构来提升国家治理能力,这对于提高国家的国际竞争力和维护国家安全具有重要作用;主张权力下放、公民权利、政策制定民主化,这有助于促进国家政治体制的改革和完善,优化国家职能;主张加强制度建设,完善各项治理制度,这有助于提高政策制定能力,构建健全的国家治理体系。在全球治理方面,治理理论强调通过协商、合作、协调的方式解决争端和问题,这有助于促进多边主义和全球公平正义;强调各国政府、国际组织、非政府机构之间的共同参与、相互依赖、彼此信任,这有助于促进国际合作,共同应对全球性挑战,实现全球的可持续发展。总之,治理理论在社会治理、国家治理和全球治理中的重要作用使治理理论具有重要的研究价值和意义。

第三节 研究内容与研究方法

一、研究内容

本书的具体研究内容如下。

"绪论"部分。首先,介绍了本书的研究缘起:(1)治理理论是当前学术界关注的前沿和热点问题;(2)治理理论是时代发展的现实需要;(3)目前国内外学界对治理理论的研究有待完善。其次,介绍了本书的研究意义:(1)治理理论为解决现实问题提供了全新的视角和方法;

(2)治理理论对当今社会治理、国家治理乃至全球治理具有重要意义。最后,介绍了本书的研究内容、方法、创新点和不足之处。研究方法包括:(1)文献研究法;(2)整体与部分相结合的方法;(3)比较分析法。创新点包括:(1)研究更具系统性;(2)研究观点新颖。不足之处包括:(1)研究深度欠缺;(2)理论与实践结合不足。

第一章为"治理理论的产生背景"。首先,从福利国家的兴起和弊病两方面阐述了福利国家危机对治理理论产生的影响。其次,分析了发展中国家的发展瓶颈对治理理论产生的影响。最后,从全球资本的扩张、全球性问题的凸显、全球化对国家角色的影响三个方面论述了全球化对治理理论产生的影响。

第二章为"治理理论的兴起"。首先,梳理了全球治理委员会、世界银行、渥太华治理研究所,以及马克·穆尔、郑杭生等学者对治理概念的界定,并在此基础上归纳和总结出了治理的一般含义。其次,介绍了罗伯特·罗茨、格里·斯托克、俞可平等关于治理理论的代表性论点。最后,阐述了治理理论的基本特征:(1)注重治理主体的多元化;(2)强调治理权力的分散和共享;(3)主张重新定位政府角色;(4)重视建立网络化的合作治理机制。

第三章为"治理理论的发展类型"。主要从基本内涵、基本内容、基本特征、评价等方面介绍了治理理论的四种主要发展类型,即网络化治理理论、整体性治理理论、数字治理理论、元治理理论。

第四章为"治理理论的基本功能、理论困境与实践应用"。首先,指出了治理理论具有多元协调、秩序建构、资源配置、公共服务、创新适应、监督评估等基本功能。其次,指出治理理论存在着治理失灵的风险、多主体集体协作的失败、政府角色定位的悖论、价值取向的两难选择、实践应用的适应性难题等理论困境。最后,具体介绍了治理理论的实践应用的两个典型案例,即英国老年人保健治理网络、新加坡"智慧国"计划。

第五章为"治理理论的理论意义与现实启示"。一方面,论述了治理理论的理论意义:(1)推动了多学科交叉融合发展;(2)促进了公共管理理论的改革与创新;(3)丰富了政治学的研究内容;(4)提供了一种新的国际关系理论框架。另一方面,论述了治理理论的现实启示:(1)坚持多元主体参与打造协同高效的治理共同体;(2)促进政府职能转变,构建有限、责任、法治、服务型政府;(3)加强社会组织发展,激发社会的治理活力;(4)加强先进技术运用,创新治理方式和手段;(5)完善全球治理体系,应对全球性治理挑战。

"结论与展望"部分。对治理理论进行了总体的概括和评价,并对治理理论的中国适应性问题进行了初步探讨。此外,还对治理理论的未来发展进行了前瞻性的预测。

二、研究方法

(一)文献研究法

恰当、足够的文献阅读是开展理论研究工作的基础,也是保证理论论断和观点科学性的有效手段。为了获得足够的文献支撑,笔者收集了1990—2024年几乎所有的与"治理理论"直接或间接相关的书籍、期刊论文、报刊以及电子资料。通过 Web of Science、Science Online、science Direct 等外文数据库广泛搜集国外有关治理理论的研究文献,通过中国知网数据库、万方数据库、超星电子图书数据库等广泛搜集国内有关治理理论的研究文献。经过对国内外研究成果的阅读和分析,笔者对治理理论的研究概况有了基本的了解和把握。此外,从2019年夏至今,笔者在阅读治理理论文献的过程中,以摘抄、梳理、归纳、总结的形式积累了2万多字的读书笔记。所有这些都为笔者进行治理理论的系统研究奠定了基础。

(二)整体与部分相结合的方法

如果对某一理论的研究只注重其局部内容,那么很难把握这一理论的全貌;如果对这一理论只强调其整体的研究,那么也很难做到对这一理论研究的深入。因此,唯有将整体与部分都纳入研究当中,才能完成对此理论的全面把握和深刻理解。本书以治理理论的兴起、类型发展、基本功能、理论困境、实践应用、理论意义和现实启示等为基本研究内容,既着眼于对治理理论相关内容的具体研究,也重视对治理理论从产生、发展、应用、评价和启示等方面的系统研究,实现了对治理理论整体研究和部分研究的辩证统一。

(三)比较分析法

比较分析法是指通过对不同事物或同一事物的不同阶段进行对比,以揭示其差异和相似点的研究方法。这种研究方法可以帮助我们更深入地理解某一事物或理论的本质内涵、基本特征及发展规律。本书第二章第一节对"治理""管理""统治"三个概念进行了对比,通过分析三者之间的联系与区别,有助于我们更好地把握治理的本质内涵。另外,本书的第四章对治理理论的主要发展类型分别进行了介绍,具体包括网络化治理理论、整体性治理理论、数字治理理论、元治理理论。在对每一种治理理论类型进行介绍时,其实也在无形中形成了对不同治理理论类型的分析比较,因为这些治理理论的发展类型之间既有着相似的主张,也有着不同的侧重点,通过对比这些相似点和差异,可以使我们对治理理论有更深刻的理解和把握。

三、创新点和不足之处

(一)创新点

1. 研究更具系统性

研究的系统性是指采用一种有条理、有组织、全面而严谨的方法论框架,注重研究的整体性、逻辑性、连贯性,从而保证研究结果的科学性和可靠性。如前文所述,学界对治理理论的研究呈现出碎片化、分散化的特征。为在一定程度上弥补学界在此方面的研究不足,本书从产生背景、兴起、发展、评价、启示等内容出发,对该理论进行更为系统性、全面性的研究和梳理。这也是本书将"治理理论"作为研究主题的初衷。

2. 研究观点新颖

目前,学界对于治理理论的发展类型问题尚未形成统一的认识。本书将网络化治理理论、整体性治理理论、数字治理理论、元治理理论归类为治理理论的重要发展类型,是一种大胆的、创新的尝试,具有一定的创新性。虽然这一归类可能会存在某些争议,但不可否认的是,这是笔者在查阅大量相关文献的基础上得出的重要结论。笔者希望通过这种尝试和努力,引起学界对治理理论发展类型研究的重视。

(二)不足之处

1. 研究深度欠缺

虽然本书着眼于对治理理论进行系统研究,但由于笔者自身能力水平的局限和治理理论体系的庞杂性,本书只完成了对这一理论的初步梳理和分析,这无疑导致了对该理论研究深度的欠缺。例如,在第四章,本书仅对网络化治理理论、整体性治理理论、数字治理理论、元治理理论等治理理论的重要发展类型进行了简单分析和介绍,并未对这些理论展开深入细致的研究。实际上,治理理论的每一种发展类型都包含有许多重要的内容，只有进行系统的研究才能把它们阐述清楚。

2. 理论与实践的结合不足

本书将"治理理论"作为研究主题。书中的前三章、第四章的第一二节和第五章的第一节从产生背景、兴起、类型发展、基本功能、理论困境等方面对治理理论进行了理论分析。本书的第四章的第三节和第五章的第二节从实践应用和现实启示的角度论述了治理理论的现实实践。由此可见，本书对治理理论理论性研究有余，而实践性研究不足。换言之，本书偏重于治理理论的纯理论性研究，相对忽视了与治理实践的密切结合。

第一章 治理理论的产生背景

自20世纪90年代以来,"治理"以非常惊人的速度成为一个既时髦又风行的词汇,无数专家学者从各个方面对治理问题展开研究,催生出了一系列的研究成果。在众多研究成果中,治理理论的产生背景也受到了研究者的重视。这些研究者从不同视角对治理理论的产生背景进行了分析。例如,杰索普认为,治理研究的兴起可能与20世纪70—80年代各门学科出现的某些范式危机有关,学界出现了对现有理论范式描述和解释现实世界的不满,尝试用一种新的理论范式来解释和解决现实问题。[1]吴志成认为,随着全球化的来临,人类社会的政治生活正面临着重大变革,其中最引人注目的便是人类社会的政治过程由统治转向治理,从民族国家的政府统治转向区域和全球治理。[2]斯托克认为,治理理论之所以产生主要受四方面因素的影响,即经济全球化、人们日益增长且复杂的需求、信息技术的极大发展、社会面临前所未有的多样性和复杂性。[3]分析治理理论的产生背景不仅有助于我们更好地把握治理理论产生的必然性和目标指向性,而且也有助于增进我们对治理理论核心观点或主张的明解。

---

[1] 转引自:俞可平.治理与善治[M].北京:社会科学文献出版社,2000:56.

[2] 吴志成.西方治理理论述评[J].教学与研究,2004(6):60-65.

[3] 引述自:斯托克教授2006年10月21日在浙江大学所作题为 Local Governance Research Paradigms, Theo-ries and Implications 的演讲报告。

第一节　福利国家的危机

福利国家通常是指一些资本主义国家为了克服市场经济缺陷,修复战争创伤,由国家和政府出面在基本民生领域采取一定措施来维护和增进全体国民基本福利的制度安排。福利国家的实质是西方资本主义国家社会政策的加速扩张,是工人阶级为争取自身权利与资产阶级进行长期斗争的结果。从宏观上看,福利国家揭示了国家与社会的内在联系;从微观上看,福利国家解释了政府制定各项政策的深层动机。需要明确指出的是,福利国家并非某一种国家形态,而是政府解决某些社会问题的稳定模式和路径选择。❶

一、福利国家的兴起

福利国家的思想在西方已有数百年的历史,社会福利制度的萌芽最早可以追溯到古希腊、古罗马时期。1601年,英国女王伊丽莎白颁布《济贫法》,主张通过政府的救济对社会贫困人口进行收容和帮助,以保障其最低的生活水平。❷《济贫法》被认为是世界上第一个以国家立法的形式出台的社会保障政策,并被认为是国家社会福利制度的前身。受这一举动的影响,福利国家思想逐渐深入影响了整个西方社会。在资本主义制度确立之后,福利国家思想得到了进一步的发展。许多学者对社会福利问题进行了研究。德国新历史学派瓦格纳(A.Wagner)认为,国家在维护社会秩序,保护人民安全之外,也应承担提供文化和社会福利的职能。❸1920年,英国经济学家庇古(Arthur Cecil Pigou)在其著作《福利经济学》中指出,福利是人获得的某种效用和满足,这种效用和满足可能来自财物、

---

❶ 参见:赵雅轩,王晓杰. 福利国家[M]. 北京:高等教育出版社,2018:16-29.

❷ 陈晓律. 重读英国一些有关济贫的法律[J]. 英国研究,2016(00):58-61.

❸ 转引自:谢静. 奥菲的福利国家危机理论研究[D]. 上海:复旦大学,2012:11.

知识、情感、欲望等方面,所有社会成员的这一效用和满足的总和构成了社会福利,国家有为国民提高社会福利的责任。❶1936年,著名经济学家凯恩斯(John Maynard Keynes)在其著作《就业、利息和货币通论》中指出,资本主义制度下必然存在需求不足,应加强国家干预,制定社会福利政策,克服市场失灵的缺陷,实现资本主义制度的自我调整。❷此外,许多西方国家颁布了有关社会福利的法律法规,以法律的形式确认个人享受社会福利的合法性。例如,1883年德国政府制定的《社会保险法》、1911年英国政府制定的《国民保险法》、1930年法国政府制定的《社会保障法》、1935年美国政府制定的《社会保障法》,这些福利政策的出台为西方国家进行社会层面的福利改善提供了法律依据和制度基础。然而,福利国家作为一种广泛的国家制度发展和确立下来则是在第二次世界大战之后。

二战之后,西方国家普遍面临着贫困、失业、经济萧条等社会问题,这些问题严重制约了国家的进一步发展。受到凯恩斯主义和社会民主主义思想的影响,社会各界普遍认为政府和国家应主动承担社会责任,颁布相关政策法规,采取一定行动,以解决这些社会问题,进而确保经济、政治和社会的稳定发展。在社会现实的强烈呼唤下,西方国家在建立完善的福利国家模式上达成了共识。西方国家出台了一系列有关国民最低收入、医疗、就业、住宅、教育等方面的福利政策,保障每个国民的基本生活需求。福利国家通过"反贫困计划"保证社会贫困者和弱势群体的最低生活水平的需要,在此基础上努力改善他们的生活状况,具体的措施包括注重卫生服务、发放住房补贴、规定最低工资、实施贫困救济计划等。1948年,英国以《贝弗里奇报告》为基础,建立了世界上第一个福利国家。❸之

---

❶ 陶一桃.庇古与福利经济学的产生[J].特区经济,2000(8):51-52.

❷ 凯恩斯.就业、利息和货币通论[M].徐毓枬,译.南京:译林出版社,2014:4-34.

❸ 参见:关信平.西方"福利国家之父":贝弗里奇:兼论《贝弗里奇报告》的诞生和影响[J].社会学研究,1993(6):71-79.

后,挪威、瑞典、德国等国家纷纷效仿,建立了类似的福利国家制度或模式。由于受到不同思想的影响,西方国家形成了不同的福利国家模式,主要有自由主义福利国家模式、保守主义福利国家模式、社会民主主义福利国家模式等。这些不同的福利国家模式对西方国家恢复被战争破坏的经济起到了重要作用。由于福利国家制度的存在,社会低收入阶层的生活得到了保障,社会的收入分配趋向于合理,这使人们重燃了对消费和投资的信心,极大地刺激了西方国家的经济发展。

二、福利国家的弊病

随着福利国家制度的逐步完善,其形成了社会良性发展的循环,"从摇篮到坟墓"的保姆式国家保障制度一度被认为是真正实现社会和谐的良方。然而,在这看似和谐的表象之下,各种社会问题早已暗流涌动。事实上,福利国家制度并非像资本主义所设想和描绘的那般美好。20世纪70年代资本主义经济的不景气,打破了福利国家制度所建立起的社会平衡,加之市场经济本身固有的局限性及政府的频繁失灵将福利国家制度的缺陷和弊病完全暴露了出来,福利国家遭遇了空前的危机。

首先,福利支出的日益增加,造成了政府财政困难和赤字。福利国家制度注重改善战后国民的生活水平,却忽视了维持这种高水平福利所需的高昂成本。随着福利体系的日臻完善及覆盖广度和深度的扩展,所有福利国家都面临一个共同问题,即用于社会福利的财政支出在国民生产总值中占比越来越高。到20世纪70年代末,经济合作与发展组织国家用于福利方面的开支占国民生产总值的平均比例为25%,占社会公共开支的比重为60%,这成了国家公共开支的主要组成部分。❶战后国家本来就面临着经济发展的困难,而福利支出却在持续增加,且在国民生产总值中占比日益提高,这无疑加重了政府的财政负担甚至造成了严重的财政赤

---

❶ 经合组织与发展组织秘书处. 危机中的福利国家[M]. 北京:华夏出版社,1990:89.

字。1973—1981年,受到经济危机的影响,西欧各国的财政赤字迅速膨胀,政府普遍采取发行国债和增加税收等办法来弥补财政亏空,可即便如此,庞大的财政赤字仍使政府不堪重负。1973年,瑞典的政府财政赤字达到了44.1亿瑞典克朗,到1981年时已经增长到531亿瑞典克朗;英国的政府财政赤字则从3亿英镑增加到了120亿英镑;法国政府的财政赤字更是从7亿法郎急剧增长到923亿法郎。❶ 为了弥补如此庞大的财政赤字,西欧各国开始大肆发行国债,导致国家的通货膨胀严重,使得原本就低迷的经济更加雪上加霜。严重的政府财政危机使高水平的福利政策难以为继,福利国家模式陷入了困境。另外,福利支出的增加势必会降低国家财政在其他领域的支出比重。福利国家模式实际上是国家对社会收入再分配的制度安排,用于福利保障方面的财政支出多了,意味着用于其他方面的财政支出减少了,这一增一减便会影响国家对社会经济的宏观调控。虽然福利保障方面的财政支出增加对提高人们的购买力具有积极作用,但只有在消费品急剧增长的前提下,才能促进经济的发展,否则,对经济的发展只能是有害无利。

其次,相对完善的福利待遇,削弱了社会的奋斗进取精神,导致民众就业意愿低。瑞典、挪威、英国、德国、冰岛等西方国家建立了较为健全的福利国家制度。以瑞典为例,1891年瑞典以医疗保险制度为起点,经过100多年的修改、补充、完善,逐步确立了包括社会保险、家庭福利、社会服务和医疗保健四大块内容的全民国家福利制度,这一福利制度涉及人们的医疗、就业、保险、住宅等方方面面。瑞典从婴儿津贴到养老津贴的全面化福利政策,虽然使人们在人生各个阶段、生活的各个方面都得到了保障,但也使一部分人宁肯靠国家的补助生活,也不愿努力奋斗,滋长了社会的懒惰和不思进取风气。国家福利制度还导致了一系列的就业问题,高水平的福利使劳动力的成本显著提高,并且福利的温床降低了劳动

---

❶ 转引自:解静.福利国家模式变迁的历史比例研究[D].沈阳:辽宁大学,2013:56.

者的就业意愿,这使福利国家的失业率居高不下。在德国,失业救济金可以占到原工资的一半以上,失业后在住房、抚养方面还有另外的补助且免缴税款,这就使一些人的社会福利待遇甚至高于一些低收入者的收入。如果夫妻二人都失业,该家庭所领取到的失业救济金会比一人失业的家庭收入还要多。这种不合理的福利制度,不仅引发了社会仇恨和矛盾,还严重打击了人们的就业积极性,人们开始习惯享受和摆烂,不愿参加工作。据有关调查发现,英国每6个家庭中就有一个完全靠政府救济金生活;而1985—2000年,法国失业率一直居高不下,常年维持在8%以上。❶不愿就业、失业率高等问题已成为福利国家无法克服的难题。

再次,一系列福利政策的出台,使企业在发展过程中处于不利地位,造成企业的竞争力日益丧失。较高水平的福利待遇使人们无须参加工作便能维持基本的生活开支,人们往往会在福利和工资之间面临两难选择,这同时也导致企业招聘劳动力困难。为了获得合适的劳动力,企业不得不提高用于购买劳动力的费用,这无疑增加了企业的运营成本,使企业在经济环境较差情况下生存更加艰难。另外,国家要维持高水平的福利待遇必然要依靠强大的财政支持,而国家财政的主要来源便是税收,企业作为国家税收的主要承担者,国家福利开支的不断提升,必然意味着企业要缴纳税金的不断提高。日益繁重的税收,压低了企业的正常经营利润,使得越来越多企业的日常运营和再生产出现问题。据统计,1937年,福利国家税收占GDP的比重,英国为31.36%,瑞典为39.18%,但到了1982年,英国已经上涨到38.48%,瑞典则是上涨到了49.16%。❷逐年上涨的税收和不断下降的企业利润率,严重制约了企业的正常发展。庞大的福利开支被转嫁到企业身上,严重影响了企业的资本积累。资本积累是企业发展和扩大再生产的重要源泉,当企业的资本规模无法扩大甚至日益缩小

---

❶ 阳代杰,钟劲松. 福利国家的因然改革:从极端到理性[J]. 重庆社会科学,2016(10):40-46.
❷ 转引自:解静. 福利国家模式变迁的历史比例研究[D]. 沈阳:辽宁大学,2013:59.

时,便意味着企业无法引进先进技术,没有资金对生产设备进行更新换代。这会造成企业劳动生产率低下,其所生产的产品在市场上也缺乏竞争力。随着产品市场占有额的下降,企业必然要面临缩减规模甚至破产和倒闭的困境。企业的艰难处境折射出了福利国家的发展窘况。企业如何破解发展难题?社会如何摆脱滞胀困境?政府如何填补财政赤字?所有这些都是摆在福利国家面前悬而未决的问题。

最后,福利国家的运行离不开庞大的官僚机构作为支撑,然而这却带来了官僚机构人员冗杂和行政效率低下的问题。全面完善的国家福利体系包含着种类繁多的福利保障项目,要管理这些福利项目,处理福利事务,必然要成立从中央到地方的福利机构,这意味着国家要增加大量的福利事业从业人员,而国家要维持这个庞大系统的运转,必然要耗费巨大的人力物力财力。据统计,1960—1975年,瑞典公务员人数占全部就业人口的比例从大约28%上升到了48%,即使在更加推崇市场机制的美国,1930—1980年,公务员人数占全部劳动力的比例也呈现出逐年增长的趋势。❶政府机构规模的扩大和人员数量的增加使机构间和机构内部协调和控制难度变大,加之受传统科层制的影响,庞大的福利机构内部官僚主义盛行,部门之间相互推诿扯皮,人浮于事,缺乏生机,这些都极大降低了机构的办事效率。例如,英国的国民健康保障体系(NHS)承担着保障英国全民公费医疗保健的责任,被视为英国国家福利制度的象征,但该体系存在着下设机构繁多、工作人员冗杂、管理机制僵化、行动迟缓、运行成本高等一系列问题。❷

二战之后,福利国家制度作为一种先进的政治理念、社会良性治理的有效范式,在一定程度上推动了社会的稳步发展,其历史进步性是显而易见的,但20世纪70年代中后期福利国家危机的出现促使西方发达国家不

---

❶ 王诗宗.治理理论及其中国适用性[M].杭州:浙江大学出版社,2009:17-18.
❷ 阳代杰,钟劲松.福利国家的因然改革:从极端到理性[J].重庆社会科学,2016(10):40-46.

得不认真考虑福利国家的未来,他们开始反思这种"劫富济贫"、一味扩大社会福利支出的发展方式,着手通过对社会福利制度的改革,克服其存在的固有缺陷,进而引导福利国家朝着更加健康、可持续的方向发展。

第二节　发展中国家的发展瓶颈

二战之后,众多刚刚获得独立的发展中国家的主要目标是通过工业化和现代化,彻底改变过去的贫困与落后状况,实现国家经济的繁荣和民众生活水平的提升。然而,相较于西方发达国家,这些国家的发展起步较晚。这种滞后对它们产生了双重影响。一方面,其为发展中国家提供了一种独特的后发优势。它们可以充分借鉴并利用发达资本主义国家的先进技术、管理经验及市场机制,结合自身的资源和特色,努力追赶甚至在某些领域实现领先。这种后发优势为发展中国家提供了快速发展的机会。另一方面,这也带来了一系列挑战。由于发展中国家必须在由发达国家主导和构建的国际秩序中寻求生存和发展,因此它们在发展过程中常常受到来自发达国家的各种限制、压榨和阻碍。更为复杂的是,由于国际政治经济环境的不平等性,发展中国家还时常遭受不公平、不合理的待遇。因此,二战后发展中国家的发展道路并非一帆风顺。相反,它们的发展历程充满了曲折和挑战,展现出一种"一波三折"的态势。

自二战结束至20世纪70年代初,西方发达资本主义国家因忙于修复战争创伤、重建国内经济,暂时减弱了对发展中国家的外部干预,这种形势为发展中国家提供了一个充分且宝贵的发展契机。在此期间,这些刚刚独立的发展中国家积极采取措施,不仅巩固了初生的国家政权,而且为未来经济的迅猛增长作好了充分准备。同时,这一阶段也成为它们初步探索工业化和现代化的重要时期。但由于缺乏可直接借鉴的成熟经验,这些国家只能在不断的摸索、试错中艰难地寻求自身的发展之路。

20世纪70—80年代初,发展中国家经历了一段令人瞩目的经济快速发展阶段,这一时期被誉为这些国家发展的"黄金时期"。在此期间,发达国家经历了由经济快速增长到经济滞胀的转变,然而发展中国家在这一时期却展现出了强劲的经济增长势头,其发展成果显著,备受国际关注。尽管在这一黄金期内,发展中国家的经济增长速度显著高于发达国家,且其GDP总量在全球GDP中的占比也有所攀升,然而,由于发展中国家的经济起点相对较低,且其人口基数庞大,导致在人均GDP这一重要指标上,与发达国家之间仍存在明显的差距。这一现象揭示了发展中国家在经济发展道路上仍面临着诸多挑战,需要持续努力以提升自身的经济水平。

20世纪80年代中后期,西方国家为了解决经济滞胀问题,采取了一系列措施,但都收效甚微,具体表现为通货膨胀率虽有所下降,但经济增长依然困难。在这一时期,发展中国家爆发了严重的债务危机,从1975年到1980年发展中国家的外债从1620.3亿美元猛增至4372.3亿美元,增长了近两倍。❶随着发达国家贸易保护主义的施行及通货膨胀的日益加剧,发展中国家资金外流十分严重,直接导致这些国家生产下降、经济停滞和人民贫困。对于许多发展中国家而言,整个80年代是"失去的十年"。在这十年里,拉丁美洲国家高额的债务使它们之前取得的经济发展成就几近丧失,国家的人均GDP不仅没有增长,反而逐年下降。对于撒哈拉以南的非洲而言,这十年更是"灾难的十年",经济倒退,加之1984年的严重干旱,使得部分非洲国家政局动荡,武装冲突不断,大批难民无家可归,形势异常严峻。有学者指出,发展中国家在这一时期失去的不是十年,而是二十年甚至更长时间,因为经济在跌至低谷之后,重新迎来复苏

---

❶ 江时学.发展中国家的发展问题[M].北京:方志出版社,2008:15.

需要艰难且漫长的准备时间。❶鉴于发展中国家面临的发展困境,各方积极探寻问题的根源,并尝试对症下药,推动发展中国家走出这一困境。经过一系列的研究、争论和探讨,各方对问题的成因及如何解决问题基本达成共识,即发展中国家的经济管理方式不当,管理能力不足,国家或政府在经济管理中的角色必须作出调整。

20世纪90年代以来,美苏争霸结束,世界格局迎来了新的调整,世界各国也迎来了新的发展时机。发达国家和发展中国家逐渐摆脱了八九十年代的困境,发达国家经济逐渐复苏,而发展中国家则实现了经济的快速发展。冷战结束之后,发展中国家积极推行自身的改革开放政策,利用新的世界形势所提供的机遇,使国家的经济发展迈上了新的台阶。据统计,1994—1996年,发展中国家的GDP年增长率在6%左右。❷拉美国家经济实现了加快发展,甚至十分混乱与动荡的非洲也出现了经济发展的曙光。据统计,非洲国家在这三年内GDP的增长率分别为2.6%、3.0%、5.0%❸,非洲取得这样的经济发展成就让人十分振奋,因为这改变了非洲以往令人悲叹的境况。但各发展中国家的经济发展情况不尽相同,有的国家借助时机迅速崛起,也有的国家依然在发展道路上举步维艰。此外,突发性的事件和不稳定因素也影响了发展中国家的经济发展,例如,1997年亚洲爆发了严重的金融危机,这场危机使泰国、印度尼西亚、韩国的经济发展遭到严重挫折,并且波及了新加坡、马来西亚、菲律宾等国家。这些国家一直在寻求化解危机的关键路径,试图重现过去二三十年经济高速发展的辉煌。

总体来说,虽然许多发展中国家借助时代红利,实现了一定程度的发展,但其经济力量依然十分薄弱,在全球经济发展中依然无法占据主导地位,且处处受发达国家的牵制。此外,一些发展中国家或多或少地

---

❶ 王绍光.治理研究:正本清源[J].开放时代,2018(2):153-178.

❷ 江时学.发展中国家的发展问题[M].北京:方志出版社,2008:16.

❸ 江时学.发展中国家的发展问题[M].北京:方志出版社,2008:16.

存在政局动乱、贫困、环境污染、人口增长、债务危机等问题,内外症结的叠加严重限制和阻碍了其经济的进一步发展。为此,发展中国家迫切需要一种新的理论来引领其发展实践,并探寻能够为其注入新的发展动力的创新发展模式或路径。治理理论在这样的时代背景下应运而生。

第三节 全球化的发展

全球化是指世界经济、政治、文化等各个方面逐渐融合、相互依存和相互影响的过程,主要包括国际贸易、跨国投资、文化交流、信息技术传播等内容。全球化是当今世界不可逆转的发展潮流,推动着世界经历着一场新的历史变革。

学界对全球化的起始时间众说纷纭、颇有争议。目前主要有四种观点:(1)始于15世纪末16世纪初,以1492年哥伦布发现新大陆为全球化开始的标志;(2)始于18世纪中后期,以工业革命为标志;(3)始于20世纪70年代,以1972年布雷顿森林货币体系的瓦解为标志;(4)始于20世纪80年代末90年代初,即冷战结束之后,以东欧剧变、苏联解体和中国的变革为标志。[1]针对全球化历史开端问题,不同学者基于不同的研究视角有着不同看法,笔者对此也有着自己的见解。笔者认为,这四种划分分别代表了全球化发展的不同阶段,因此,这四种划分均有一定的合理性。这里需要指出的是,第四次全球化浪潮(20世纪90年代以来),掀起了一股强劲的全球化发展势头,极大地加速了全球化的历史进程。笔者分析全球化对治理理论的影响便是以此阶段为依据。在这一阶段,由于冷战结束,全球经济发展活力被充分释放,全球化得到了空前发展。同时,也正是在这一阶段,全球形势风云突变,世界的不确定性、不稳定性无限增

---

[1] 赵景峰.经济全球化开端探究[J].中国石油大学学报(社会科学版),2004,20(5):22-25.

加,世界的政治经济秩序面临着转型和重建,所有这些都为治理理论的产生创造了条件。

一、全球资本的加速扩张

自20世纪90年代起,随着资本流动性的空前加强,资本市场的一体化在布雷顿森林体系瓦解后的这些年里带来了深远的政治影响,表现为国家在确保汇率稳定和维持货币政策独立性上越来越难发挥作用。这种情况对国家的政治合法性造成了很大冲击,使政府在平衡这两个关键经济要素时愈发感到力不从心。简言之,资本的高度流动性和市场的一体化不仅重塑了全球经济格局,也在一定程度上动摇了国家的政治基础。

近年来,为应对国家货币及其使用的变动所带来的汇兑与交易风险,金融市场开始广泛采用如期货、期权等金融衍生产品作为新型流通手段。然而,此举措在降低某些风险的同时,也加剧了投机行为和金融风险。期货与期权交易,作为一种兼具高风险与高收益特性的投机性交易,其低定金门槛使大宗交易成为可能。对于拥有雄厚资本的私人投资者而言,若其能精准洞察市场机遇,便有望在短期内实现显著的利润增长;反之,市场敏感度较低的参与者则可能面临相应的经济损失。此外,随着市场的快速演进和复杂化,越来越多的金融衍生产品选择在场外进行交易,这进一步增加了市场的不透明性和风险性。全球金融市场的网络化联结日益加强,银行信贷与有价证券发行、国内与国际资金流通、现金与金融衍生产品,以及各种金融衍生产品之间的差异正逐渐模糊。这种金融一体化趋势推动了资本的跨国流动,但同时也带来了新的挑战和风险。

在以放松管制和全球化为特征的世界金融体系内,资本流通日益加速,汇率变动愈发频繁,宏观经济与利率周期交织,导致金融经济与实体经济日益脱节。面对全球性经济事件的破坏性后果,世界主要经济强国的金融管理机构和国际金融组织的控制与应对能力显得捉襟见肘。金融市场现行的制度缺陷、市场管制的不足,加之私人手中掌握的巨额流动资金,均对各国政府采取协调行动的能力形成了严重制约。同时,国内金融危机频发,不仅让国际货币基金组织所倡导的金融稳定模型陷入困境,也使各国自行制定的经济政策面临两难选择。

总体而言,全球资本的扩张或金融全球化的进程对国家衰退产生了深远影响,主要体现在以下几个层面:首先,金融全球化加剧了国家对资本的结构性依赖,使得国家经济更加紧密地与全球金融市场相连。其次,随着金融全球化和全球化生产的发展,国内资本对外输出的方式日益多样化,随之而来的便是资本流动风险的提高。因为投资者一旦认为国内的税收和投资政策不利于其发展,便会将资金转移至其他国家。最后,金融整合的加速降低了国家实施经济增长政策的可行性,给政府带来了严重的财政压力。在过去,政府可以通过紧缩货币政策和增加赤字来减少失业及调整工资水平,但在金融全球化的大背景下,这些传统的经济政策调节方式逐渐变得不再适用。

二、全球性问题的凸显

气候变化、恐怖主义、环境保护、国家安全、跨国犯罪等全球性问题的逐渐凸显,对于国家所承担的责任也提出了新的要求。面对这些错综复杂的全球性问题,仅靠单个或少数几个国家的力量已难以实现对问题的有效解决,问题的解决逻辑必然是加强国家与国家之间的国际合作,建立全球性的治理机制。

从长远视角来看,国家安全和环境保护无疑是最突出的全球问题。尤其是全球环境污染,这一问题已超越了传统的主权国家范畴,亟须一种全球性的解决方案。以法国、荷兰与德国在莱茵河环境污染治理中的微妙关系为例,我们可以看到跨国环境治理的复杂性。20世纪90年代前后莱茵河的盐污染问题十分严重。统计数据显示,1885—1997年,每年每立方米水的盐倾倒量从40公斤急剧上升至835公斤,严重影响了荷兰和德国等下游国家。❶尽管法国作为主要的污染源,同意安装减少盐泄漏的系统,但治理成本的大部分却由荷兰和德国承担,这种成本分担方式在公平性方面存在一定争议。可见,解决这类跨国环境问题的关键是:各国之间积极合作,共同承担责任,采取一致的治理行动。正如瑞典学者埃兰德(Elander)所言:"面对全球性的威胁,特别是资源的枯竭、环境的恶化和气候的变化,我们需要建立全球性的伙伴关系。这种伙伴关系已成为世界和平的核心议题。"❷

"9·11"事件后,各国开始重新审视国家安全问题的紧迫性和重要性。理论上,国家安全事务应始终贯穿共同获益或共同防范损失的核心原则。然而,由于每个国家都倾向于追求军事优势,并可能在他国容忍的范围内采取机会主义行为,因此,并非所有安全问题都能通过合作得到有效解决。更糟糕的是,这种对军事优势的追逐往往具有不透明性——当某一国家悄然增强军备或扩大军事力量时,其真实意图与行为规模很可能被其他国家误读或低估,从而导致其他国家陷入受骗的被动局面。为了降低这种受骗风险,各方往往选择避免或严格限制在此方面的合作。但这种做法反而可能引发各方都不愿看到的结果,即军事领域的研究、支出和部署出现竞争性的升级。显然,这种竞争性的升级并非理想的解决方式,相较于合作性的谈判方式而言,它显得更为次优。因此,各国应寻求真正的共同获益机会,以缓解深层次的敌对和不信任。此外,在全球战略格局中,面对诸如恐怖主义、军事冲突、跨国犯罪等不稳定因素,采取单边主义的解决方式并非治理之良策。相反,广泛的国际合作与联合才是应对这些挑战的有效途径。

---

❶ 凯米莱里,福尔克.主权的终结?:日趋"缩小"和"碎片化"的世界政治[M].李东燕,译.杭州:浙江人民出版社,2001:229.

❷ 埃兰德.伙伴制与城市治理[J].国际社会科学杂志,2003(2):21-34.

三、全球化影响了国家的角色

全球化浪潮引发了新一轮关于全球化与国家角色的讨论,核心议题为:在全球化的大背景下,国家在未来的治理体系中应处于何种角色和地位?对此,学术界存在两种截然不同的观点。

一种观点认为,全球化削弱了主权国家的能力和影响力:(1)技术革新和全球经济融合导致利益分配的决定权逐渐从国家手中转移[1];(2)国家正在丧失一些传统职能,如信息控制、文化价值主导、经济管理及财富收入的分配[2];(3)国家作为国内经济波动的稳定器和平衡器的角色日渐模糊[3]。在此情境下,国家已转变为国际市场的一个参与者,需与其他国际成员合作,共同应对国际经济挑战。同时,全球化也对国家的主权和边界造成了影响。持此观点的学者普遍认为,国家已不再是决策的中心,尤其是在经济领域,政府间国际组织、非政府间国际组织、跨国公司、专业网络组织等多种组织为公民提供了国家无法提供的服务,满足了公民的多样化需求,这些组织逐渐开始在政策制定中产生直接或间接的影响。

另一种观点则坚持认为国家的权力和权威并未消失,反而在全球化进程中发挥着更加重要的作用:(1)社会获取全球化利益的能力与公共产品的质量息息相关,如法律体系、社会教育等,而这些主要由国家提供;(2)国家通常是身份认同的决定者;(3)全球治理的稳定性依赖于国家的维稳能力。针对前述认为国家能力和影响力被削弱的观点,克雷斯纳(Krasner)指出,尽管过去200年的技术变革加速了人口、产品、资本和理念的流动,但国家对这些变化的应对能力比以往任何时候都要强。[4]帕

---

[1] 转引自:王诗宗.治理理论及其中国适用性[M].杭州:浙江大学出版社,2009:22.

[2] CABLE V. Globalization:Can the State Strike Back?[J]. The World Today,1996,52(5):133.

[3] 罗西瑙.没有政府的治理[M].张胜军,刘小琳,等译.南昌:江西人民出版社,2001:163.

[4] KRASNER SD. Sovereignty[J]. Foreign Policy,2001,122:20-29.

尼奇(Panitch)也认为,资本全球化是在主权国家的支持下进行的,并且国家和资本并非相互独立的领域。[1]总之,对于后一类观点的支持者而言,全球化实际上更加凸显了国家的重要性,国家的传统职能与经济发展、社会构建、政治稳定、科学文化发展以及民族利益保护之间仍然存在着紧密的联系。

在众多研究者中,杰索普对于国家角色和地位的分析更具全面性和综合性。其没有局限于全球化而谈国家,而是将全球化作为一种"语境",从民族国家的内在机制出发探讨全球化时代的国家角色和地位问题。杰索普肯定了战后盛行的福利国家制度对西方国家的重要贡献,即促进了战后经济的繁荣,维持了相对和平安定的政治局面。但他同时也指出,福利国家制度的危机促使人们尝试对经济、社会和政治进行不断的反思、调整、改革与重构,以此来应对新的变化和形势。在全球化的推动下,跨界交易和虚拟经济逐渐兴起,金融资本和工业资本逐渐分离,这使全球的经济、政治、社会和文化的发展变得错综复杂、难以捉摸。在战后几十年的经济发展过程中,国家虽然是当然的经济管理主体和对象,权力关系也主要是围绕其展开,但在全球化语境下,"国家管理者、经济和其他社会力量……试图重新塑造国家行为,并试图发展新的统治和治理形式来致力于解决国家和市场中新出现的问题"[2]。

在此情境下,国家组织和政治呈现了新的发展趋势:(1)国家的机构逐渐变得空洞化,其权力正被超国家制度所剥夺,或向地方层次的权力网络转移。国家能力正在从超国家、国家、次国家及跨地方等多个层面进行重建。(2)政治系统正经历去官方化的过程,这涉及公私领域的全新划

---

[1] PANITCH L. Rethinking the Role of the State [C]//MITTELMANJH.Globalization: Critical Reflections. London: Lynne Rienner, 1996:85.

[2] JESSOP B. The Future of the Capitalist State[M]. Cambridge: Polity Press, 2002:163.

分、任务的重新分配,以及组织与任务关系的重新整合。(3)政策规制正在逐渐国际化。国家内部的行动已逐渐扩展至超地域或跨国的因素和过程中,并且,这些因素和过程在国内政策的制定中变得越来越重要。值得注意的是,尽管传统民族国家的地位持续受到挑战,但这些挑战实际上为民族国家调解不断增多的超国家或次国家行动提供了更广阔的空间。与政策规制的国际化趋势相呼应,民族国家正努力参与到国际政策规则的制定中,以塑造符合自身利益的规则体系。❶也正由于此,杰索普提醒我们,国家角色的变化并不能直接说明其正在衰弱或消亡,相反,这只不过是其为了回应新的挑战而作出的自我调整。❷

---

❶ 王诗宗. 治理理论及其中国适用性[M]. 杭州:浙江大学出版社,2009:24.

❷ 参见:何子英. 从凯恩斯主义福利民族国家理论到熊彼特竞争主义国家理论[J]. 马克思主义与现实,2006(6):20-27.

第二章 治理理论的兴起

"治理"这一概念自其诞生时起便展现出广泛的适用性,似乎任何领域都能与治理扯上关系,因此,其常常被认为是涵盖巨多,但又不知所云的术语。有学者曾指出:"治理被人称作一个流行语,一种风行一时的玩意儿,一套框架性工具,一个跨越不同学科的概念,一个伞状概念,一个描述性概念,一个模棱两可的概念,一个空洞的指称,一个用于狡辩的遁词,一种拜物教,一个研究领域,一种研究方式,一种理论,一种视角。"[1] 治理概念的广泛性源于治理兴起背景的复杂性和所应对问题的多样性。然而,我们不应因"治理"概念的宽泛性而否定其价值。相反,我们应当从这一纷繁庞杂的概念中抽丝剥茧,提炼出其核心要义,以此为出发点,为解决现实社会问题提供理论基础。简言之,"治理"虽然概念宽泛,但正因其涵盖面的广泛性和理论的深度,它成为社会科学领域一个极具价值的研究方向。

第一节 治理的含义

"概念是学术研究得以展开的工具,要促进学术研究水平的不断提高,任何学科都必须对它的基本概念有着共识性的理解。"[2] 对治理理论

---

[1] ANSELL CK, LEVI-FAUR D, TRONDAL J. An Organizational-Institutional Approach to Governance[M]//ANSELL CK, TRONDAL J, OGARD M. Governance in Turbulent Times. Oxford: Oxford University Press, 2017: 29.

[2] 张康之,张乾友,等. 公共行政的概念[M]. 北京:中国社会科学出版社,2013:1.

进行研究首先要做的便是对治理理论的核心词汇"治理"进行界定和解读。因为精准把握和理解治理的含义既是研究治理理论的前提,也是展开治理理论的后续内容的基础。

分析"治理"一词的词源及其发展轨迹有助于我们更好地理解治理的含义。英文中"治理"(governance)一词最早可以追溯到古希腊、古典拉丁语中的"掌舵"一词,这个词的原本意思是控制、指导和操纵的行动或方式。在14世纪中期,英格兰国王亨利四世使用"治理"一词以彰显上帝之法赋予国王对国家进行神圣统治的权力。长期以来,"治理"与"统治"(government)被交叉使用,主要用来描述国家根据宪法和法律对公共事务的管理与执行。到了20世纪70—80年代,德语中的"steurung"一词受到广泛关注,意为操纵和指导,并与系统论有所联系。1989年世界银行发表报告《撒哈拉以南非洲:从危机到可持续增长》,在报告中首次使用"治理危机"一词来描述非洲的发展状况。❶自此之后,"治理"逐渐被赋予了新的含义,它不再局限于政治学领域,也被广泛运用到社会经济领域,并从发达国家的研究逐渐扩展到发展中国家的研究。"治理"概念的这一演变标志着一种全新的政府管理方式的出现,正如著名治理学家罗伯特·罗茨所言:治理标志着政府管理含义的变化,指的是一种新的管理过程,或者一种改变了的有序统治状态,或者是一种新的管理社会的方式。❷

由于治理有着多种不同的用法,其运用领域也涉及方方面面,专家学者对治理含义的解读自然也呈现出多样化的特征。因此,为了准确把握治理的实质内涵,避免陷入治理研究的潜在误区,我们有必要从治理的重要观点出发,对其确切含义进行归纳和分析。

一些国际组织或地区组织对治理的含义进行了界定。1995年,全球治理委员会发表了一份题为《我们的全球伙伴关系》的研究报告。该报告

---

❶ 转引自:韩兆柱.公共治理前沿理论及其应用研究[M].秦皇岛:燕山大学出版社,2018:5.

❷ 罗茨,木易.新的治理[J].马克思主义与现实,1999(5):42-48.

指出:治理是各种公共的或私人的、个人或机构管理共同事务的诸多方式的总和;它是使相互冲突或不同的利益得以调和并且采取联合行动的持续过程;这既包括有权迫使人们服从的正式制度和规则,也包括各种人们同意或符合其利益的非正式的制度安排。[1]这一界定强调了治理的过程性、协调性、公私领域的交融性及互动性。1997年,世界银行(World Bank)从国家管理经济和社会资源的角度出发,认为治理是一种权力行使的方式,主要包括政治管理体系的构建、权威的合理运用、政府政策的制定与执行等内容。[2]这一界定凸显了治理在国家政治和经济社会发展中的关键作用,尤其是对公共权力运用的重视。2002年,渥太华治理研究所(Institute of Governance Ottawa)指出:治理是一个包含社会制度、过程和惯例的综合体,它决定权力的行使方式,影响社会决策的制定,并决定不同利益相关者在这些决策中的地位。[3]这一界定深刻探讨了治理在社会结构和权力运行中的重要作用。

一些专家学者也对治理的含义有着自己的见解。马克·穆尔(Mark H.Moore)强调治理的公共价值导向,指出治理的首要目的不是确保组织的延续,而是尽可能满足公众的利益偏好,为社会创造公共价值。[4]这一观点凸显了治理的公共性和服务性,即治理应以公共利益为出发点和落脚点。B.盖伊·彼得斯(B.Guy Peters)从治理行动者之间的关系入手,认为治理行动者对治理应有一种全新的尝试,问题的关键不是由哪个行动者进行治理,而是行动者之间如何进行合作和互动。[5]这种理解强调了治理过程中的协同性,即多个行动者需要共同参与、相互协作,以实现治理

---

[1] 全球治理委员会.我们的全球伙伴关系[M].牛津:牛津大学出版社,1995:23.

[2] 转引自:徐越倩.治理的兴起与国家角色的转型[D].杭州:浙江大学,2009:44.

[3] 朱德米.网络状公共治理:合作与共治[J].华中师范大学学报(人文社会科学版),2004,43(2):5-13.

[4] 穆尔.创造公共价值:政府战略管理[M].伍满桂,译.北京:商务印书馆,2016:273-277.

[5] PETERS B G. Is Governance for Everybody?[J]. Policy and Society,2014,33(4):301-306.

目标。科尔巴齐(Colebatch)则从治理参与者与政府关系的角度出发指出治理是在实践中寻找多元参与者的行动路径,考察其对政府指令的确认、制定或服从的影响及其与政府机构(Machinery of Goverment)之间的关系。[1]这一观点关注了治理过程中政府与其他参与者的互动关系,以及这种关系对治理效果的影响。H. 乔治·弗雷德里克森(H. George Frederickson)从行政联合的角度切入,认为治理是在集权逐渐弱化、区域界线重要性逐渐下降、制度普遍分散化的情况下,行政管理中横向和制度内部纵向的一系列联系。[2]这种观点为理解治理在复杂行政环境中的运作提供了新的视角。

对治理含义的准确把握还离不开对"治理"与"统治"和"管理"的区分。国内社会学家郑杭生对三者之间关系的辨析十分具有代表性和解释力。他从权威来源、运作过程、民主参与、权力行使四个维度详细分析了治理与统治、管理的一般区别,详情如表2-1所示。

表2-1 治理、管理、统治的区别

维度	治理	管理	统治
权威来源	多样性:权威、合法权力来自政府、市场和社会三大部门	为主性:权威、合法权力主要来自政府	唯一性:权威、合法权力只能来自政府
运作过程	双向性:自上而下、自下而上双向结合,强调上下互动	主辅性:自上而下为主,自下而上为辅	单向性:自上而下的命令,要求两大部门服从

---

[1] 转引自:王浦劬,臧雷振.治理理论与实践:经典议题研究新解[M].北京:中央编译出版社,2017:10.

[2] 弗雷德里克森.公共管理概论[M].于洪,译.上海:上海财经大学出版社,2008:208.

续表

维度	治理	管理	统治
民主参与	民主性：通过合作、协调及对共同目标的确定等手段实现对公共事务的治理	半民主性：主观上要民主参与，但由于政府主导的习惯，民主往往体现为为民做主	凌驾性：排斥民主参与，政府凌驾在市场和社会两大部门之上
权力行使	平等性：三大部门作用不同，地位平等的协商是主要方法	管控性：由于政府主导的习惯，习惯于对市场、社会进行管控	号令性：依靠政府的权力，发号施令

资料来源：郑杭生."理想类型"与本土特质：对社会治理的一种社会学分析[J].社会学评论，2014(3)：3-11.

综上所述，笔者总结出了治理的一般含义，即多元主体基于共同的目标，通过一定的方式展开合作，发挥各自优势，共同努力，优化资源配置，解决社会矛盾和问题，从而实现既定治理目标。治理应用于不同的领域和层级会产生不同的治理类型，如全球治理、国家治理、社会治理、公司治理等，其基本目的是维护社会秩序，促进社会发展，增进公共利益。在现代社会中，治理不仅仅是一种权力运作方式，更是一种理念、过程和方法的集合，其作为一个综合性的概念涉及政治、经济、社会、文化等多个领域，是推动社会进步和发展的重要手段。

第二节　治理理论的代表性论点

尽管专家学者对于治理的含义众说纷纭，莫衷一是，但这并不妨碍治理理论的价值体现。正如斯托克所言，治理理论的贡献并不是纠结于因果关系，也不是提供一种规范性、确定性的理论，它的价值在于为我们提供了一种有组织的分析框架，据此可以为我们解决问题提供新的可能性和空间。❶专家学者对治理理论解释的多样性,主要缘于他们各自独特的解释视角。笔者将重点介绍学界三种具有代表性的治理理论观点。

一、罗茨:治理的六种不同用法

如前文所述,罗伯特·罗茨(Robert Rhoads)认为治理是一种新的统治过程,意味着以新的方法来统治社会。此外,他还详细列举了治理的六种不同用法。❷

第一,作为国家治理的治理。这是治理的最一般用法。这种用法重新界定了政府干预的范围、形式和市场在提供公共服务中的角色。尽管私有化和公务员队伍的缩减在理论上应该导致政府规模的减小,但实际上政府的公共开支占GDP的比例却依然保持稳定。从治理的角度来看,这种情况是不被接受的。在治理的框架下,政府应当致力于减少公共开支,追求成本效益最大化,同时避免管制取代所有权成为政府干预的常规手段。这种理念强调政府在提供公共服务时应注重效率和效益,而非简单地通过扩大政府规模或增加管制来实现目标。

第二,作为新公共管理(NPM)的治理。新公共管理包含管理主义和新制度经济学两大核心理念。管理主义主张将私营部门的管理方法引入公共部门中,强调直接的职业化管理、设定清晰的绩效与评估标准、以结果为导向的管理方式和更加贴近消费者的需求。而新制度经济学则倡导在公共服务中引入激励机制,如市场竞争,以削减冗余的官僚机构,并通过承包制与市场化操作来实现公共服务的有效竞争和消费者的自主选择。这两大理念共同构成了新公共管理下的治理模式,旨在提高公共部门的效率与服务质量。

---

❶ 斯托克.作为理论的治理:五个论点[J].华夏风,译.国际社会科学杂志(中文版),2019(3):19-30.

❷ 罗茨.新的治理[J].木易,译.马克思主义与现实,1999(5):42-48.

第三,作为公司治理的治理。公司治理旨在建立一种以企业为指导、具备控制监督运行标准的组织体制。这一体制的核心目标是提高公共部门的办事效率,通过引入市场化的管理风格来激发公共部门的运行活力。公司治理有几个重要的原则既适用于公共部门,也适用于私营部门:(1)加强信息开放和公开;(2)坦率、直接、全面地解决问题;(3)通过明确划分权责使个人对自己的行为负责。公司治理的理念告诉我们,私营部门的管理方式对公共部门的发展具有重要影响。

第四,作为"善治"的治理。"善治"体现了全球范围内政府改革的基本趋势。世界银行所倡导的"善治"理念,已成为其对第三世界国家提供贷款的主导思想。世界银行强调,治理的本质是运用政治权力来管理国家事务,并提出了提高公共服务效率的几点主张:(1)引入市场机制和鼓励竞争以增强服务动力;(2)精简公务员队伍并裁减冗员以提升行政效率;(3)引入预算规则并制定合理预算以确保资源有效利用;(4)推进国有企业的私有化改革以激发市场活力;(5)充分下放行政权力以促进地方自主性;(6)充分发挥非政府组织在公共服务供给中的重要作用,以满足多元化需求。

第五,作为社会—控制体系的治理。政策结果不再是政府单一行动的产物,政府自己可以通过一项法律,但在政策执行环节政府要与自愿部门、私营部门进行互动和联系。概言之,政策执行是政府与民间、公共部门与私营部门相互合作和互动的过程。虽然政策执行过程中存在秩序问题,但秩序不应由上级制定,而应由包括政府在内的各主体相互协商和妥协产生。在政策执行过程中,各主体都能发挥作用,贡献相关的知识和资源,以确保获得令人满意的政策效果。

第六,作为自组织网络的治理。网络是治理的核心所在。这里的网络并非市场机制和等级制度的简单混合,而是一种全新的组织形式,它替代了传统的市场和等级制度。网络扩展了公共部门、私营部门及自愿部门的边界,使得这些部门在解决特定问题时能更好地发挥协同作用。自组织网络作为一种自主且自我管理的治理组织,其特点是政府、私营部门及自愿部门在某些服务功能上具有相互可替代性。为了实现各自的目标,自组织网络中的各方基于信任和互利原则展开合作,并在合作过程中交换各自的资源,如资金、技术和信息等。这种治理模式强调了合作与资源共享的重要性,为解决现代社会的复杂问题提供了新的思路。

二、斯托克:治理理论的五个论点

格里·斯托克(Gerry Stoker)强调,治理观点的贡献不在于分析因果关系或提供规范性理论,而在于作为一种组织框架,协助我们了解不断变化的统治过程。尽管它偶尔也能帮助我们找到一些有益的解决方案,但其核心价值更在于对问题的辨识,而非直接提供答案。基于这一理解,斯托克提出了五个互补而不是竞争的论点。[1]

第一,治理是指出自政府但又不限于政府的社会公共机构和行为者。斯托克指出,尽管在统一的国家体系下只有一个权力中心,但在处理公共事务时,实际的决策和执行中心却并不是单一的。治理理论的重要目标之一就是提醒我们,参与治理的主体和行动者是多元化的。随着私营部门和自愿部门参与提供公共服务的深入,原本主要由政府承担的责任现在已由多个主体共同分担。在一些国家和地区,部分公共服务通过企业承包或公私合作的方式实现已成为一种常态。这种多元化的治理模式和合作方式,不仅提高了公共服务的效率和质量,也促进了治理的创新和发展。

第二,治理理论明确指出在为社会问题和经济问题寻求解答方案的过程中存在的界线和责任方面的模糊之处。斯托克指出,随着私营部门

---

[1] 斯托克,华夏风. 作为理论的治理:五个论点[J]. 国际社会科学杂志(中文版),2019(3):19-30.

和自愿部门越来越多地介入国家公共事务的管理,国家逐渐将部分责任转移给这些非政府部门,从而导致了公私部门之间的界限日益模糊。特别是当志愿团体、非政府机构、非营利机构、合作社及社区互助组织等第三部门机构活跃于公私交汇的"社会经济"领域时,这种模糊性变得更为明显。私营部门和自愿部门在承接部分公共服务职能的同时,也相应地承担了诸多责任,这使得公私部门之间的责任界定愈发不清晰。这种责任与界限的模糊性,既是治理理论探讨的重要议题,也是现代治理实践中需要特别关注和解决的问题。

第三,治理明确肯定了涉及集体行为的各个行动组织之间存在权力依赖。斯托克强调,权力依赖意味着各个行动组织必须相互配合,并通过交换资源进行谈判、协商与合作来实现特定的治理目标。这种交换的结果不仅受到各组织自身资源的影响,还受到交换规则和环境的制约。随着社会复杂性的不断提升,无论是公共部门还是私营部门,都不再具备单独解决所有问题的能力。因此,公私部门之间的合作与相互依赖变得尤为关键。这种合作模式不仅能够汇聚各方资源,还能在共同解决问题的过程中促进相互学习与创新,从而提升治理的整体效能。

第四,治理在一定意义上是指自主参与者网络。斯托克阐释道,从实践的角度看,治理实质上是参与者构建自主自治网络的过程。行为者或相关机构通过形成一个长期稳定的网络或体系,能够将它们所拥有的资源、技能和目标进行有效的整合。这样的网络结构使得它们能够针对特定问题迅速作出反应,抓住解决问题的先机,并显著提升治理的效率。这种自主自治的网络模式不仅展现了治理的灵活性和高效性,也凸显了行为者之间的协作与整合在治理过程中的核心作用。

第五,治理理论认为,办好事情的关键不在于政府的权力,也不在于政府的命令或政府对权威的运用。政府可以运用新的工具和技术来控制和指引公共事务,而政府的能力和责任均在于此。斯托克指出,在复杂多变的治理结构中,政府过去那种仅依靠权威、强加秩序和发布命令的方式已不再适用。因此,政府必须学会采用一种与过去官僚制模式截然不同的治理方式,即运用新的技术和工具来切实推动治理工作。这种转变不仅要求政府具备更高的灵活性和适应性,还需要其积极进行治理创新,以更好地满足现代社会的治理需求。

三、俞可平:善治的六要素

学者俞可平在对政治理论的研究中提出,治理的理想状态是实现"善治"(Good Governance),这一概念可直译为"良好的治理"。他进一步指出,善治实质上是一个社会管理过程,目的是实现公共利益的最大化。善治的本质特征是政府与公民在公共生活领域的合作管理,体现了两者之间的最佳互动状态。为了更深入地阐述善治的理念,俞可平提出了构成善治的六个基本要素,这些要素共同构成了评价治理效果的重要标准。[1]

第一,合法性(Legitimacy)。合法性是善治的核心要素之一,它指的是社会秩序和权威被民众自觉认可和遵从的状态。合法性的强度与善治水平成正比,合法性越高,善治水平就越高。这要求管理者及其机构必须尽最大努力调节人民内部矛盾,以获得最广泛的社会认同,从而提升合法性。在这一过程中,民众的有效参与和沟通至关重要,它是增强合法性的关键途径。

第二,透明性(Transparency)。透明性是实现善治的另一核心要素,它指的是政务信息的公开性与可获取性。公众有权知晓那些与自身利益密切相关的政府政策的详细信息,包括立法流程、政策制定与实施、法律条款、行政预算及公共支出等。透明性要求政府必须全面及时地公开这些政务信息,从而确保公众能够有效地参与到公共决策的过程中,并对这

---

[1] 俞可平.治理与善治[M].北京:社会科学文献出版社,2000:8-11.

些决策的执行情况进行有效监督。政务信息的透明程度越高,善治的实现程度也就越高。增强政府工作的透明度不仅有助于提升政府决策的公正性和合理性,还能增强政府的公信力,树立政府的良好形象。

第三,责任性(Accountability)。责任性是善治不可或缺的组成部分。它强调个体和机构需要对自己的行为承担相应的责任。在治理实践中,每一个参与者或组织都被赋予特定的治理职责。当这些责任得到充分履行时,善治的水平就会得到提升;反之,如果这些责任未能得到有效履行,善治的程度则会降低。善治的理念要求所有参与治理的个体和组织都必须积极承担起各自的责任,并不断提升治理的效能和质量。这种治理责任性的强化,有助于确保治理体系的稳健运行,进而促进社会的有序健康发展。

第四,法治(Rule of law)。法治是实现善治的重要保障。它强调法律在公共事务管理中的至高无上地位,要求所有机构和个人都必须严格遵守法律,不允许有任何特权存在,确保法律面前人人平等。法治的直接目标是规范社会成员的行为、有效管理社会各项事务,以及维护社会的正常秩序。而其更深层次的目标则是保护公民的权利和自由不受侵犯。法治的完善程度直接影响善治的实现水平,法治建设越完备,善治的程度也就越高。

第五,回应性(Responsiveness)。回应性是实现善治的重要环节,与责任性紧密相关,其在一定意义上是责任性的延伸。它要求公共管理机构和人员在治理过程中,对于公民的合理诉求必须给予及时有效的处理,不能随意拖延或无视。在必要时,公共管理机构和人员还应主动征求公民的意见,积极解答他们的疑惑。这种回应性不仅体现了政府对公民需求的关注和重视,更能够增强公民对政府的信任和支持,从而提升善治的程度。政府对公民需求的回应越及时、越有效,善治的水平也就越高。

第六,有效性(Effectiveness)。有效性是善治追求的重要目标之一。有效性指的是管理的效率问题,它包含两层意思:一是管理机构的设置必须合理,管理程序必须科学,以确保管理过程的顺畅无阻。因此,政府应对管理机构和管理程序进行优化,减少不必要的层级和繁琐程序,从而提高决策和执行的效率。二是要尽可能地降低管理成本。政府应通过精细化管理、利用现代科技手段等方式,减少资源浪费,提高管理效益。善治理念强调管理的高效率,认为管理效率与善治程度呈正相关,即管理效率越高,善治水平也就越高。

第三节 治理理论的基本特征

通过对治理的含义和治理理论代表性论点的梳理和分析,治理理论的基本特征已逐渐明晰,笔者试图对这些基本特征进行归纳。

一、注重治理主体的多元化

随着社会结构的渐趋复杂化,治理所面临的挑战也日益加剧,特别是治理内容的"不可治理性"愈发显现。单纯依赖政府这一单一主体,已难以有效应对复杂多变的社会问题。因此,亟须引入其他治理主体,以弥补政府在治理过程中的不足。治理理论倡导在处理社会问题时,不应仅依赖政府的力量,而应构建一种多元行动者共同参与的治理机制,将政府、企业、社会组织及公民等多元主体均纳入治理体系之中,形成协同共治的格局。正如治理理论的创始人之一詹姆斯·罗西瑙(James N. Rosenau)所言,治理是在一定活动领域的管理机制,是一种由共同目标支持的管理活动。这些管理活动的主体并非一定是政府,也不必依靠国家的强制力量来实现。[1]多元主体为了共同的愿景和目标,协同努力,开展合作是治理理论最为核心的内容。治理主体多元化可以整合不同主体的治理资源,发挥各主体的治理优势,形成庞大的治理合力,提高治理的效能。众多主体参与到治理过程中不仅有助于提升治理的社会参与度,更能赢得广泛的社会认同与支持。此外,治理主体多元化也有助于促进治理的创新。多个主体参与治理意味着在治理方式、方法、途径上拥有更多的可能性,这些可能性为治理创新提供了空间。总之,多元治理主体共担治理责任,共谋治理良策,共举治理大计既是治理理论的内在要求,也是治理实践发展的必然趋势。

二、强调治理权力的分散和共享

治理理论对传统国家或政府权威提出了挑战,认为国家或政府并非唯一的权力中心,各种公共的或私人的组织和机构只要得到了公众的认可,具备社会合法性,均可以成为不同领域和层次的权力中心。社会组织、志愿团体、企业等社会主体在治理中日益发挥着重要的作用,这些主体既肩负着治理的责任,也享有对治理的权力,逐渐呈现出多元化的权力中心。多元主体参与治理,实质上是治理权力分散和共享的一种具体表现。尽管不同主体在治理过程中发挥的作用不同,但每一个主体都扮演着一定的治理角色,承担一定的治理"职能",这些都在无形中推动了治理权力的分散和共享。好的治理离不开政府和社会、国家和公民的积极互动与合作。而如何保证国家和社会、政府和公民互动合作的有效性呢?治理理论给出了解决方案:国家或政府应逐步下放治理权力,给予社会更多的治理自主权,使社会能够在不依赖政府的情况下实现一定程度的自治。社会自治既是治理的最高形式,也是治理权力分散和共享的最佳体

---

[1] ROSENAU J N, CZEMPIEL E. Governance without Government: Order and Change in World Politics [M]. Cambridge: Cambridge University Press, 1995: 251.

现。在高度自治状态中,人人都享有平等的治理权利,权力真正做到了共有共享,治理水平也真正达到了马克思所讲的"自由人联合体"[1]的境界。此外,治理理论还认为,民主制度的完善,法律制度的健全等,都在一定程度上促进了治理权力的分散和共享,并为社会的和谐稳定和持续发展奠定了基础。

三、主张重新定位政府的角色

治理理论主张重新定位政府的角色并非要将政府从治理概念中剥离出去,而是试图创造一种全新的政府理念。这一理念强调政府应积极进行职能转变,以更好地适应经济、政治及社会等多方面的变革要求。具体来说,治理理论所倡导的重新定位政府角色、转变政府职能,主要涉及以下几个方面:第一,尽管政府在治理中占据着重要地位,但政府不应承担过多的职能与责任。应打破政府、市场、社会三者之间的边界,充分发挥市场和社会在治理中的作用。政府只管自己该管的事,政府管不了或者无法管的事交由市场和社会来处理,从而实现由全能型政府向有限政府的转变。第二,政府在治理中的首要职能不再是对社会经济活动进行监管和控制,而是应致力于提供公共服务,满足公众的多样化需求。政府在治理中应扮演掌舵者和服务者的角色,而不是划船者和管理者。这一转变要求政府实现从管理型政府向服务型政府的转变。第三,政府不应是一个封闭的机构,而应与外界保持充分的沟通与互动,通过深入了解民情民意,并及时公开政府信息,提高政府工作的透明度和公信力。在这一过程中,政府需要完成从封闭型政府向开放型政府的转变。第四,传统意义上的政府已无法应对复杂多变的治理形势,政府必须积极利用信息技术、网络技术等高科技手段和工具,提高政府的数字化治理能力和水平。这要求政府必须实现从传统型政府向数字型政府的转变。第五,政府在确

---

[1] 马克思恩格斯选集:第2卷[M].北京:人民出版社,2012:126.

立治理的共同准则、确保治理的大方向以及协调各主体间关系等方面有着其他主体无法比拟的优势。当出现"治理失灵"时,政府应协调和整合多种治理机制和因素,保证治理过程的正常运行。这要求政府承担起"元治理"的角色。

四、重视建立网络化的合作治理机制

治理理论强调,治理主体之间的互动不再是单线式的"主导—附庸"关系,政府在治理中改变了以往"一家独大"的角色,取而代之的是建立在信任基础上的平等的合作伙伴关系。各个治理主体通过资源的交流与共享形成了一个立体化、多层次、交互式的合作治理网络。"其中的各种治理主体都放弃自己的部分权力,通过对话与协商来增进理解与相互信任,最终建立起共担风险的公共事务管理联合体。"❶信任被视为各个治理主体展开合作的基础。治理理论重点指出,治理主体间的行动应通过沟通与协商来推动,而非命令和支配。在网络化合作治理机制下,任何试图通过自身权威命令或支配其他治理主体的做法皆行不通。各个治理主体必须基于信任,通过谈判和协商来探讨合作的可能性,并据此采取行动,这是治理的唯一有效途径。治理理论认为,网络化的合作治理机制是应对后工业化时代以高度复杂性和高度不确定性为特征的治理形势的最优解。只有通过各个治理主体间的相互信任、相互合作和相互依赖,才能摆脱治理内容"纷繁庞杂""千变万化"的窠臼,才能发现治理的"简化机制",才能实现由"化繁为简"删除"以简驭繁"到"与繁共生"的治理转向。网络化的合作治理机制,使治理告别了"国家中心的自上而下"和"社会中心的自下而上"的模式之争,构建起了一种新型的治理范式。❷

---

❶ 高红.社区社会组织参与社会建设的模式创新与制度保障[J].社会科学,2011(6):76-83.
❷ 柳亦博.合作治理:构想复杂性背景下的社会治理模式[M].北京:中国社会科学出版社,2018:114.

第三章 治理理论的发展类型

治理理论在经过百家争鸣式的学术争论与探讨之后,逐渐取得了共识性的发展,并在此基础上形成了多种具有影响力的发展类型,主要包括:网络化治理理论、整体性治理理论、数字治理理论、元治理理论等。这些发展类型不仅深化了我们对治理理论的理解,还为治理实践的推进提供了更为科学全面的指导。

第一节　网络化治理理论

20世纪90年代以来,随着权力日益分散化和政府、市场、社会三大组织之间界限的日益模糊,各种问题逐渐呈现出全球化和地方化的双重趋势。人们逐渐意识到,简单、统一的方法已难以解决这些错综复杂的问题,之前"一方包治百病"的治理模式逐渐让位于个性化和多样化的治理模式。正如戈德史密斯等人所言:社会的巨大变化让网络化治理成为可能,也让网络化治理成为必须,这些都归根于网络化治理能产生实质性的利益。[1]网络化治理理论便在此背景下应运而生。

一、网络化治理的含义

兴起于20世纪末的网络化治理,与"网络""网络组织""网络社会"等

---

[1] 戈德史密斯,埃格斯. 网络化治理:公共部门的新形态[M]. 孙迎春,译. 北京:北京大学出版社,2008:154.

概念紧密相连,最初被应用于企业管理领域,用以描述企业间利益相关者通过正式或非正式契约所构成的组织关系或企业内部员工之间的关系。[1]1993年卡特(Kattle)在其著作《分享权利:公共治理与私人市场》中对治理给出了如下定义:"治理就是政府与社会力量通过面对面的合作方式组成的网状管理系统。"[2]这一描述实际上已经揭示了治理结构网络化的特征。瓦尔特(Walter)进一步印证了这一观点,他指出:作为治理的公共管理遇到的主要挑战是处理网络状关系,即相互依存的环境,因此,公共管理实质上也是一种网络管理。[3]2008年,美国学者斯蒂芬·戈德史密斯(Stephen Goldsmith)和威廉·D. 埃格斯(William D. Engels)在合著的《网络化治理:公共部门的新形态》一书中,首次对网络化治理进行了全面系统的阐述。他们认为,网络化治理是一种基于相互依赖的伙伴关系、意在平衡和协调各种非政府组织以创造公共价值的哲学理念,是一种具有多样性和创新性的治理模式。在该治理模式下,政府的工作不再仅仅依赖于传统的公务员体系,而是通过构建由各种伙伴关系、协商与合作所组成的网络,共同推进公共事业的发展。[4]

康斯戴恩(Considine)等人从治理过程中关系结构的变化来理解网络化治理。他们认为,网络化治理代表着治理结构从对外部关系的单纯依赖转变为策略性的伙伴关系,这种模式较少依赖规则和监督,强调治理的整体弹性和多元主体的紧密合作。它挑战了以政府为主的传统治理观念,转而以民众的需求为导向,灵活应对政府内外部环境的动态变化。在

---

[1] 韩兆柱. 公共治理前沿理论及其应用研究[M]. 秦皇岛:燕山大学出版社,2021:66.

[2] KETTLE D. Sharing Power:Public Government and Private Markets[M]. Washington:Brookings Institution,1993:22.

[3] KICKERT W,KLIJN E,KOPPENJAN J. Managing Complex Networks:Strategies for the Public Sector[M]. London:Sage Publications ltd,1997:3.

[4] 戈德史密斯,埃格斯. 网络化治理:公共部门的新形态[M]. 孙迎春,译. 北京:北京大学出版社,2008:6.

此意义上,他们认为,网络化治理主要涉及以下四个方面:(1)建立在信任基础上的长期合作;(2)基于互利原则,共享资源与能力,共同采取行动;(3)以灵活性为指引进行网络化治理的实际操作;(4)始终以民众需求为核心,切实为民众服务。❶凯斯·G. 普罗文(Keith G. Provan)和帕特里克·凯尼斯(Patrick Kenis)认为,网络化治理是由三个或更多独立的合法自组织为实现集体目标而自愿联结成的治理网络。在网络化治理的运作过程中,应避免科层制或所有权利益的干扰。网络参与者对治理目标仅承担有限的正式责任,且他们遵守相关规则和参与过程完全是出于自愿的。❷

陈剩勇等学者指出,网络化治理是一种与等级制和市场化相对的新型治理机制,政府、市场和市民社会等各方参与者在特定的制度框架下相互依存、协同合作,目的是实现公共价值。网络化治理不仅体现了参与者间相互依赖又保持独立的横向关系,还包含了一整套关于网络建构、运行和管控的制度和逻辑。❸在此意义上,他将网络化治理定义为:政府部门和非政府部门(如私人企业、非营利组织和公民个体)为实现公共利益而展开协作,各方共同分享治理权力,联手管理公共事务的过程。他还概括出了网络化治理的四个核心理论维度:(1)构建多元化的公共行动架构;(2)基于反思性的"复杂人"假设;(3)采用合作互惠的行动方针;(4)推崇共同学习和进步的政策实践过程。❹

---

❶ CONSIDINE M, LEWIS J M. Bureaucracy, Network, or Enterprise? Comparing Models of Governance in Australia, Britain, the Netherlands, and New Zealand[J]. Public Administration Review, 2003, 63(2):133-135.

❷ 王浦劬,臧雷振. 治理理论与实践:经典议题研究新解[M]. 北京:中央编译出版社,2017:248-249.

❸ 陈剩勇,于兰兰. 网络化治理:一种新的公共治理模式[J]. 政治学研究,2012(2):108-119.

❹ 陈振明. 公共管理学:一种不同于传统行政学的研究途径[M]. 北京:中国人民大学出版社,2003:88-90.

罗茨从基本关系、依赖性程度、交换媒介、冲突解决和协调的方式、文化五个层面对市场模式、政府科层模式、网络化治理模式进行了细致比较,详情如表3-1所示。

表3-1 罗兹关于网络化治理模式、市场模式、政府科层模式的特征比较

层面	网络化治理模式	市场模式	政府科层模式
基本关系	资源交换	契约和财产权	雇佣关系
依赖性程度	相互依赖	独立	依赖
交换媒介	信任	价格	权威
冲突解决和协调的方式	外交式斡旋	讨价还价和法院	规则和命令
文化	交互作用	竞争	从属和服从

资料来源:转引自翁士洪、顾丽梅.治理理论:一种调适的新制度主义理论[J].南京社会科学,2013(7):49-56.

总体而言,网络化治理是一种具有多中心、自我组织等特点的治理模式。该模式要求政府尽量减少对治理过程的干预,使治理主体能够依靠自身制定政策并营造有效的治理环境。换言之,在网络化治理的逻辑下,各个治理主体通过共同认可的规则和建立的信任,进行资源交换、沟通协商和深度合作,以实现一致的治理目标。

二、网络化治理理论的基本要素

(一)治理主体

网络化治理理论作为一种新兴的治理范式,突破了传统科层制的固有局限,其倡导重视治理权力的共享,建立一个多元参与、公私合作、高效协同的治理网络。❶在当今日益复杂的治理背景下,无论是哪一个治理

---

❶ 田星亮.网络化治理:从理论基础到实践价值[J].兰州学刊,2012(8):160-163.

主体——政府、非政府组织、慈善团体等——都无法独自承担起支撑整个治理过程的重任。虽然各主体在特定领域具有独特优势,但唯有多方联手,协同合作,才能创造出最佳的治理效果。网络化治理理论主张构建一个开放式、多维度、非等级的治理网络。在该网络中,没有固定的权力中心,网络中任何一个主体,根据具体的治理情境和任务需求,都可以成为权力的中心。这种模式赋予了非政府组织、慈善团体等主体实质性的治理权利,使它们的自主性和自治性得到充分释放。在这一模式下,政府的角色发生了根本性转变——从治理权力的垄断者转变为多元治理网络中的重要参与者。政府既发挥关键作用,又充分尊重其他主体的独立地位,通过制度保障和维护其他主体的治理自主权,从而形成真正的伙伴关系。

(二)治理结构

一方面,网络化治理中的各主体之间形成复杂的网络关系,包括合作关系、竞争关系、依赖关系等。这些关系并非孤立存在,而是相互交织、紧密相连,共同构成了网络化治理的结构基础。例如,政府和企业之间可能基于共同目标达成合作关系,携手推进基础设施建设项目,实现资源共享与优势互补;企业与企业之间可能因争夺公共项目的参与权而形成竞争关系,这种竞争在一定程度上能够激发企业的创新活力与发展动力。另一方面,治理主体在网络中表现为一个个节点,而主体之间的互动和联系则构成了节点之间的连接。节点的重要性主要由主体所拥有的资源和能力决定,资源丰富、能力卓越的主体往往在网络中占据更为关键的位置;连接的强度和频率则直观反映了主体之间合作的紧密程度。例如,在区域创新网络中,高校和科研机构凭借深厚的知识储备和强大的科研能力,成为知识创新的核心节点。它们与企业通过技术合作、人才交流等连接方式,实现知识的快速转移与高效转化,推动区域创新能力的提升和经济的发展。

(三)治理机制

网络化治理主要有三种机制,它们相辅相成、动态耦合,共同维护和保障了网络化治理的有序运行和高效产出。一是信任机制。信任是网络化治理的基础。[1]在多元主体共同参与的治理网络中,只有建立起足够的信任,各主体才能有效地开展合作。然而,信任的建立不是一蹴而就的,而是一个长期积累的过程。它需要通过持续的互动和沟通,以及遵守承诺、履行责任等行为来实现。二是协调机制。协调机制是网络化治理的润滑剂。由于网络化治理通常涉及多个不同的主体,这些主体的利益、目标和诉求可能存在差异与冲突。因此,必须建立有效的协调机制,通过信息共享、协商谈判、利益分配等方式调解处理主体间的矛盾冲突,使各主体就某一问题达成共识,保证治理网络的有效运行。三是合作机制。合作机制是网络化治理的核心机制,是推动治理进程的动力源泉。各主体通过合作,不仅能实现资源共享和优势互补,还能有效应对复杂的公共问题。合作机制的实现形式多种多样,通常包括签订合作协议、建立合作组织、开展联合行动等。

(四)治理资源

网络化治理主要有四种治理资源,它们是多元主体共同协作、创造公共价值的基础。一是物质资源。物质资源是网络化治理得以实施的物质基础,涵盖了资金、设备、土地等要素。各主体通过投入不同类型的物质资源,支持公共项目实施,确保基础设施建设、社会服务和应急响应等方面的有效运作。二是人力资源。人力资源是网络化治理的基本动力。网络化治理包含多个治理主体,而这些主体往往需要由具备专业能力、协调能力和决策能力的人员来推动治理进程。尤其是在政府、企业、社会组织和公民等多方主体协同治理的过程中,能否协调各方人员的工作并形成

---

[1] 孙健. 网络化治理:公共事务管理的新模式[J]. 学术界,2011(2):55-60.

合力,是决定治理成败的关键。三是信息资源。信息是网络化治理的核心资源之一。有效的信息流通是促进各主体协同合作的重要条件。信息资源不仅包括治理过程中所需的各类数据、统计信息、政策文件和研究成果,还涉及跨主体、跨领域的信息共享与交流。信息的准确性、及时性和透明度对提高治理效率、减少决策错误及促进各方合作至关重要。四是社会资本。社会资本是指社会网络、信任、合作关系及社会制度等非物质资源。在网络化治理中,社会资本起到了促进合作、解决冲突、提升社会凝聚力的作用。

三、网络化治理理论的基本特征

(一)将信任与合作视为治理的关键

传统治理模式通常依赖行政权力来应对责任分配和治理难题,且这种模式的推动力主要来自外部力量。相较之下,网络化治理理论则聚焦具体问题,采取灵活、个性化、有创意的治理策略,各个主体之间相互依存、相互依赖,拥有较高的信任度。基于这种充分的信任,不同主体更愿意分享彼此的知识与权利,坦诚地交流各自的价值理念,从而更容易达成合作共识。这样的合作模式不仅有助于迅速且有效地完成治理目标和任务,而且能有效应对市场失灵所带来的挑战。随着市民社会的不断成熟,多方合作共治已具备良好的实践基础。治理的过程已不再是单方面的管理和统治,而是各方在信任基础上的跨界协同。这种多方合作不仅降低了治理的风险和成本,更汇聚了多样化的资源与智慧,实现了高效、协同、共赢的治理效果。

(二)坚持平等协商的基本运行原则

平等协商是多元治理主体实现资源互换、信息共享和协同工作的前提。❶在网络化治理框架下,各主体作为利益相关者,共同嵌入一个互联互依的网络中,拥有平等的地位和参与机会。他们围绕具体的治理问题展开平等对话,自由地进行信息交换。当治理各方的利益诉求出现冲突时,他们会通过持续多轮的谈判、协商、博弈和妥协,最终达成共识。一个健全的平等协商机制不仅有助于推动公共事务的有效治理,还能促使原本存在竞争或排斥关系的私人组织建立互信,走向合作,成为政府之外值得信赖的治理力量。这种以平等协商为核心的互动方式,区别于传统治理模式中"命令—服从"的单向度权力结构,正是网络化治理理论的典型特征与优势所在。

（三）强调治理过程的风险共担

分权理念是网络化治理理论的重要内容之一。❷权力的分散不仅意味着政府权力结构的重构,更代表着社会资源整合方式的深刻变革。在此框架下,治理权力不再由政府单方面垄断,而是向私营部门、非营利组织等多元主体有序释放,形成多中心、协同合作的治理格局。然而,权力的分散化也意味着责任和风险的共同承担。换言之,多元主体共同参与治理的过程,也是多元主体共担治理风险的过程。网络化治理理论主张政府将部分风险有策略地转移给私营部门或非营利组织,但作为治理的核心参与者,政府仍需对整体治理体系承担最终责任。通过合理配置风险,可以将风险分配给最了解且最具风险应对能力的主体。这不仅能降低政府参与治理的风险和成本,还能使政府释放更多的资源和精力去满足社会的其他需求。更重要的是,风险共担机制使所有主体都能参与到治理问题的发现和解决过程中,这不仅提高了治理效率,还有效避免了政

---

❶ 唐亚林,王小芳.网络化治理范式建构论纲[J].行政论坛,2020(3):121-128.

❷ 参见:李志强.网络化治理:意涵、回应性与公共价值建构[J].内蒙古大学学报(哲学社会科学版),2013(6):70-77.

府作为单一主体可能面临的治理合法性危机。因此,风险共担的网络化治理日渐展现出其作为未来理想治理模式的潜力和价值。

(四)以实现公共价值为最终目标

戈德史密斯和埃格斯指出:"当问题涉及到一个更大的公共政策时,我们就需要鼓励官员首先确定出他们想要实现的重要的公共成果是什么,然后再去想如何更好地解决问题。"[1]网络化治理理论将实现以公共利益和公共价值作为核心理念,这一理念对于公共部门和私营部门有着共同的志愿性。公共价值的导向促使治理主体从以机构和项目为中心的传统思维,转向以目标和网络为基础的协同治理方式。这种转变有助于更高效地整合与动员社会资源,增强公共价值的创造能力。在治理实践中,各参与主体在公共价值的引导下,会充分考虑公众的偏好,努力满足公众需求,持续优化治理行为,创新治理的方式与方法。网络化治理理论强调在工具理性与价值理性之间寻求平衡——既注重治理效率的提升,也致力于实现公共价值的最大化。它提倡"以顾客为中心"的治理理念,把公众视为重要的服务对象和参与者,并将公众的满意度作为衡量治理绩效的重要标准。这种以顾客为中心的理念确保了各个治理主体的行动始终是为了创造公共价值。

四、网络化治理理论的评价

在日益复杂化和充满不确定性的时代背景下,治理模式经历了从统治型到管理型,再到网络化的演变,核心目标在于实现对社会公共事务的有效治理。网络化治理理论以对"复杂人"行为逻辑的深入反思为出发点,主张将个人与组织、公私机构、国家与非国家实体、权力与非权力部

---

[1] 戈德史密斯,埃格斯.网络化治理:公共部门的新形态[M].孙迎春,译.北京:北京大学出版社,2008:155.

门,以及市场和社会等多层级治理力量纳入一个多中心的治理网络中。该治理结构展现出一系列的显著优势:(1)提升治理的专业化水平,使治理举措更加精准高效;(2)推动治理模式不断提供应对复杂社会问题的新思路;(3)提高治理的响应速度和灵活性,提高对外部环境变化的适应能力;(4)扩展治理的覆盖范围和影响力,保障更广泛社会群体的利益诉求。

尽管网络化治理理论展现出了诸多优势,但与其他治理模式一样,它并不是万能的。因为并非所有社会问题都能通过合作网络加以解决,在市场治理和政府治理都失灵的地方,合作网络可能也无能为力。❶换言之,网络化治理理论在现实治理实践中面临着多重困境。具体而言,一方面,虽然网络化治理理论强调多元主体的广泛参与,但在实际操作中,如何协调多方利益、实现有效合作仍是一大难题。多元主体的参与往往伴随着利益的分散化,各方在利益诉求上难以达成共识,会阻碍合作机制的构建,影响治理的持续性与稳定性。另一方面,网络化治理理论倡导多元主体共享治理权力、共担治理责任,这使公私部门的界限变得模糊,增加了治理责任认定的困难。在实践中,容易出现治理主体之间责任不清、相互推诿甚至转嫁责任等问题,这些问题会削弱治理的执行力与公信力。所有这些都折射出网络化治理理论在理论构想与实际操作之间存在的明显张力与结构性失衡,揭示了其局限性与实施难度。

尽管如此,作为治理理论的最新发展❷,网络化治理理论反映了治理在网络信息时代发展的新趋势,契合了网络社会新的治理需求,同时也标志着治理范式的重大转型。它对治理的理论与实践发展具有重要的理论价值和现实意义。

---

❶ 陈振明.公共管理学:一种不同于传统行政学的研究路径[M].北京:中国人民大学出版社,2003:101.

❷ 韩兆柱.公共治理前沿理论及其应用研究[M].秦皇岛:燕山大学出版社,2021:77.

第二节 整体性治理理论

整体性治理(Holistic Governance)理论的兴起具有深刻的社会背景,主要包括以下几个方面:(1)传统公共行政模式的功能衰退;(2)对新公共管理(NPM)模式局限性的深刻反思;(3)合作治理理论与整体主义思维的回归;(4)信息技术的发展;(5)社会风险和不确定性的上升。虽然整体性治理理论发展至今仅有数十年,但它已在英国、加拿大、澳大利亚等国家的治理实践中产生了显著影响。与此同时,国内学者对该理论的研究也正逐步从早期的理论译介转向本土化的实践探索。

一、整体性治理的含义

整体性治理理论兴起于20世纪90年代,其形成有着清晰的发展脉络。1990年,安德鲁·邓西尔在《整体性治理》(Holistic Governance)中首次提出了"整体性治理"概念。[1]1997年,该领域的重要学者佩里·希克斯(Perri Six)在《整体性政府》(Holistic Government)中指出,政府内部的过度分割是引发诸多社会问题的重要原因。他批判了传统官僚制效率至上、层级僵化、忽视预防、内部协同不足和过程导向等弊端。为解决这些问题,他提出构建协作和整体性政府、文化革新型政府、预防和前瞻性政府及结果导向性政府,以实现更为合理的组织架构。[2]1999年,希克斯和戴安娜·叶(Diana Leat)合著《圆桌中的治理——整体性政府的策略》(Governance in the Round: Table - Strategies of Holistic Government),进一步

---

[1] 转引自:韩兆柱,张丹丹.整体性治理理论研究:历程、现状及其发展趋势[J].燕山大学学报(哲学社会科学版),2017,18(1):39-48.

[2] 转引自:韩兆柱.公共治理前沿理论及其应用研究[M].秦皇岛:燕山大学出版社,2021:79.

批判新公共管理过于强调职能划分与分权所带来的政策碎片化问题，指出政策、顾客、组织及部门间的频繁冲突必须通过系统整合构建整体性政府来加以应对。❶ 2002年，希克斯、戴安娜·叶、金伯利·舒尔茨（Kimberly Seltzer）、格里·斯托克（Gerry Stoker）等人共同出版了《迈向整体性治理：新的改革议程》（*Towards Holistic Governance: The New Reform Agenda*），首次将研究重心从"整体性政府"拓展至"整体性治理"，主张通过制度化手段强化部门协同，以共同目标为导向，破解治理碎片化与集体行动困境。❷ 2003年，荷兰学者克里斯多夫·波利特（Christopher Pollitt）在《协同政府：一项综述》（*Joined-up Government: a Survey*）中提出"整体型政府"模式，强调通过纵向和横向协调来整合资源、促进多主体协作、提供无缝隙公共服务及提高政策效能。❸ 2006年，帕特里克·邓利维（Patrick Dunleavy）在《数字时代治理：IT公司、国家与电子政务》（*Digital Era Governance: IT Corporations, the State, and E-Government*）中指出，新公共管理已步入终结，整体性治理才是未来趋势。他强调，应加强政府组织的再整合，提升数字化治理能力，实现流程简化和"一站式服务"，以回应时代变革带来的治理挑战，并引领公共管理走向更高层次的发展阶段。❹

总体而言，整体性治理是在对新公共管理导致的治理碎片化、部门割裂和功能裂解等问题的深刻反思基础上形成的一种新型治理范式。它以回应公民实际需求为核心，以跨部门合作与系统整合为治理策略，依托协调、信任与责任等机制，旨在构建一种整体性的治理框架和政府运作模式。

---

❶ 曾凡军. 基于整体性治理的政府组织协调机制研究[M]. 武汉：武汉大学出版社，2013：22.

❷ 转引自叶璇. 整体性治理国内外研究综述[J]. 当代经济，2012(6)：110-112.

❸ POLLITT C. Joined-up Government: A Survey[J]. Political Studies Review, 2003(1): 34-39.

❹ DUNLEAVY P. Digital Era Governance: IT Corporations, the State, and E-Government[M]. Oxford: Oxford University Press, 2006: 233.

二、整体性治理理论的核心内容

(一)将公民需求和问题解决作为治理行为的导向

传统官僚制与新公共管理模式主要围绕政府自身问题和部门利益展开治理,而整体性治理理论则强调以公民实际需求为核心,致力于实现公共利益最大化,体现了治理理念从政府本位向人民本位的重大转变。该理论以公众切身利益为出发点,主张提供无缝衔接、整体协同的公共服务,切实保障公民基本需求,特别重视服务过程中的公平性与正义性。此外,整体性治理理论强调应遵循问题导向的治理逻辑,要求政府在治理过程中以解决具体公共问题为起点,注重问题治理的结果导向和事前预防。为提升治理的整合性与有效性,佩里·希克斯与戴安娜·叶从输入、转换能力、输出、结果的角度论述了整体性治理的四个层面的整合目标,即政策目标、顾客目标、组织目标和结构目标,详情如表3-2所示。

表3-2 整体性治理四个层面的整合目标

层面	输入	转换能力	输出	结果
政策目标	政策连续性	更好的政策管理	更高质量的服务供给	更有效地预防、治疗或舒缓,对顾客更多的控制
顾客目标	鼓励公民表达诉求和参与	顾客更多地接受服务	提供更加全面的、更加便捷的服务	公共合法性的提升和社区建设
组织目标	避免重复,减少冲突,分担风险,知识最大化	成本—效益	对输出的更多控制	—

续表

层面	输入	转换能力	输出	结果
结构目标	平衡资源或投资	行政控制的转移	对相关部门输出的更多控制	—

资料来源：张玉磊．整体性治理理论概述：一种新的公共管理范式[J]．中共杭州市委党校学报，2015(5)：57；SIX P，LEAT D，SELTZER K，et al. Towards Holistic Governance：the New Reform Agenda[M]．New York：Palgrave，2002：47．

（二）强调合作性整合

希克斯认为，活动、协调与整合是整体性治理理论的三大核心概念。其中，"活动"涵盖政策制定、监督执行、服务供给与绩效监督四类基本治理行为；"协调"指建立合作机制与整体性流程、推动信息系统共享、开展结果导向的对话、衔接规划流程及促进决策理念的交流；而"整合"则强调通过建立共同的组织架构与合作机制，借助专业化实践实现治理各环节的高效协同。在希克斯的理论框架中，"整合"被视为整体性治理的关键环节。整合的深度与政府组织的凝聚力直接相关——凝聚力越强，整合的程度越高，反之则越低。❶需要指出的是，"整合"并非整体性治理所独有。传统官僚制和新公共管理中也有整合，只不过传统官僚制中的整合是自上而下、层级分明的权威性整合，新公共管理中的整合则是为提高公共部门效率而进行的竞争性整合。而整体性治理中的整合是一种合作性整合，其目的在于解决传统官僚制和新公共管理在治理过程中造成的碎片化问题。这种整合既包括政府内部不同层级与部门之间的协同，也包括政府与私营部门、非政府组织、社区、公民之间基于合作共赢理念而形成的深度整合。

整体性治理的合作性整合主要体现在以下几个方面：第一，三个治理

---

❶ SIX P，LEAT D，SELTZER K，et al. Towards Holistic Governance：the New Reform Agenda[M]．New York：Palgrave，2002：129-139．

维度的整合,即治理层级、治理功能、公私部门之间的整合;第二,四大治理行为的整合,即对政策制定、监督执行、服务供给与绩效监督之间的整合;第三,逆部门化和逆碎片化,即打破部门之间对立和壁垒,实行跨部门协作;第四,强化中央协调职能,即适度收回分散于社会与市场的权力和职能,重申政府在公共治理中的主导地位;第五,预算整合,即建立以问题导向为核心的共享预算机制,提高资源配置效率,降低治理成本。❶

(三)重视信任、责任和制度化建设

整体性治理是一种通过构建跨部门、跨组织的合作网络,以有效应对公共事务碎片化问题的治理策略。在这种合作网络中,信任与责任是维持其平稳有序运行的核心原则,而制度化建设则为网络运作提供坚实保障。首先,信任是整体性治理中的一种核心凝聚力,是集中力量和促成合作的"黏合剂",是任何治理行动得以展开的前提。希克斯指出,网络中的成员建立相互合作、信任和积极的组织间关系是非常重要的。❷整体性治理理论强调摒弃传统官僚制中"层级—命令"式的管理方式和人与人之间的博弈文化,倡导行动者之间建立互信机制,以信任推动治理难题的化解。其次,责任是贯穿整体性治理始终的关键因素,主要包含诚信、效率和有效性三个维度。其中,诚信是指治理行动者必须严格遵守法律法规,杜绝治理中的腐败和寻租行为;效率是指治理行动者要把握好投入与产出之间的关系,力求以最小的投入获得最大的产出;有效性是指政府应公开政策执行标准,并对治理行为负责。在三者关系中,有效性处于最高地位,诚信和效率必须服从于有效性,不得与之相抵触。最后,制度是整体性治理的重要支撑。整体性治理理论强调治理行动者的权力和责任必须

---

❶ 张玉磊.整体性治理理论概述:一种新的公共治理范式[J]中共杭州市委党校学报,2015(5):54-60.

❷ 转引自:韦彬.跨域公共危机整体性治理[M].北京:知识产权出版社,2019:31.

通过制度来明确。这些制度既包括宪法、法律、法规等正式制度,也包括伦理规范、道德信仰、价值理念等非正式制度。通过这些制度可以有效约束和规范治理行动者的治理行为,并对治理失范行为进行问责和惩戒。

(四)注重发挥协调机制的作用

如前文所述,顺畅、稳定的整体性治理离不开协调机制的有效支撑。随着分工和专业化程度的日益加深,治理实践不可避免地会出现各种问题,这时便需要发挥协调机制的作用。整体性治理理论强调,协调是指在信息、认知和决策方面有相互介入和参与的必要性,而非仅仅是一种模糊、不精确的行动。❶整体性治理的协调机制有多个层次的内容,它不仅包含协调治理行动者之间的利益关系,还包括协调治理行动者与整个合作网络之间的关系。具体而言,这种协调机制主要包括价值观念的协调、信息共享的协调、引导与动员的协调。在整体性治理中,各个治理行动者可能存在目标与方案的冲突和矛盾,价值观念的协调可以使各治理行动者的治理价值取向趋于一致,增强治理的凝聚力,形成强大的治理效能。信息共享也是协调机制中的重要一环。信息对称是高效治理的基础。为此,需要建立完善的信息共享机制,制定统一的数据标准。一个比较有效的做法是,构建一个可供所有人使用的、具有统一数据标准的中央数据库,而不是每一个部门都建立一个自己的数据库。在引导和动员协调方面,政府的主要任务是选择合适的治理行动者,调动各种社会资源,如资金、技术、人力、专业知识等,使其参与到治理中,提升对复杂公共问题的响应能力与解决效率。

---

❶ SIX P, LEAT D, SELTZER K, et al. Towards Holistic Governance: the New Reform Agenda[M]. New York: Palgrave, 2002:34.

三、整体性治理理论的基本特征

(一)治理方式和手段的多样性

在整体性治理的协调和整合过程中,不同治理行动者常因具体问题产生分歧、矛盾和冲突。对此,希克斯提出了四种应对路径:第一,求同化异。针对那些可协商、可化解的矛盾与冲突,可以通过设计一种机制或制度,在不损害各方利益的前提下加以调和。在此过程中,作为公共权威的代表,政府有着平衡不同治理行动者之间利益纠纷的义务,政府应秉持协商与互让的原则,在必要时可采取强制措施,推动各方达成共识。第二,求同而不化异。在整体性治理中,很难做到让所有行动者都完全理解治理政策与目标。因此,治理既要寻求相互增进利益的可能性,也要对尚未充分理解治理政策目标的行动者保持耐心,并给予其一定的行动自主性。正如"刺猬法则"所示,治理须在合作与距离之间找到平衡,避免"过近伤人,过远失温"[1]。第三,化异而不求同。当治理行动者基于自身利益诉求形成根本分歧,强求一致反而可能导致治理失败时,更稳妥的方式是通过谈判、沟通与妥协,逐步减少差异、搁置争议,以降低治理过程中的冲突风险。第四,既不求同也不化异。面对一些根本不可调和的分歧与冲突,应通过设立公平的规则与标准,保障各方在互惠基础上的合作。在此框架下,各行动者根据统一规则自主行动,避免相互伤害,维护治理的基本秩序。希克斯强调,这四种路径并非孤立存在,而是可以根据实际情况进行组合和混合,形成多元化的治理方式和手段。在他看来,整体性治理的关键在于构建一种能够有效控制差异、紧张和冲突所带来的潜在风险的制度安排,从而实现协同共治。[2]

---

[1] 曾凡军.论整体性治理的深层内核与碎片化问题的解决之道[J].学术论坛,2010(10):32-36.

[2] SIX P. Institutional Viability: a Neo-Durkheimian Theory[J]. Innovation-the European Journal of Social Science Research, 2003, 16(4): 395-415.

(二)目标和手段的一致性

整体性治理理论对治理目标和手段之间的兼容性有着较高要求。它不仅要求二者之间不产生冲突,还需相互促进。治理目标的实现往往依赖于多种手段的综合运用,因此,在选择和使用这些手段时,不仅要考虑其对目标的影响,还需评估不同手段之间的相互影响,防止目标与手段之间出现矛盾和对立。一方面,在整体性治理过程中,尽管治理各方在宏观目标上达成一致,但在具体行动层面仍有可能偏离原初目标。只有通过多种手段的优化组合和交叉使用,才能确保治理行动始终围绕既定目标展开。为实现整体性目标,希克斯提出了三种主要手段:(1)建立战略联盟,即由一个核心行动者主导治理计划的制订与推进,确保整体战略的连贯实施;(2)组建可靠的联盟,即通过持续学习与集体行动,联盟成员在共同目标引导下协同合作;(3)实施合并策略,即整合多种治理手段,推进多方协同、多管齐下,集中发力。❶另一方面,治理目标本身的科学性和合理性,是实现目标与手段一致性的重要前提。确立目标时应充分考虑治理所处的具体环境和问题,评估通过不同手段达成目标的可行性,避免目标设定过于理想化或脱离现实。同时,整体性目标应具备动态调整能力,能够根据治理进程的实际情况灵活调整,保证目标与手段的始终适配。总之,保持治理目标与手段一致性有助于防止因两者间的偏差而导致的成本提高和资源浪费,同时,也能避免由于手段优于目标而出现的目标偏离。

(三)预防优先于治疗

整体性治理理论认为,"预防"在治理过程中具有两项核心功能:"一

---

❶ SIX P, LEAT D, SELTZER K, et al. Towards Holistic Governance: the New Reform Agenda [M]. New York: Palgrave, 2002:53.

是提升政府效能;二是节约政府的财政支出。"❶具体而言,该理论将预防工作分为三个阶段,分别对应于治理问题的不同发展阶段:第一阶段,初期预防。随着社会复杂性的提升,公共安全、民生与环境等问题时有发生。若忽视初期预防,不仅会增加治理的难度,也会提高治理的代价。整体性治理理论强调在问题初现端倪之时,通过跨部门、跨主体的紧密沟通与协作,及早识别潜在风险,及时干预,从而减少问题发生的频率,为后续治理创造有利条件。第二阶段,中期预防。当问题已然发生,治理重点应转向通过跨部门、跨主体的高效协作,实现治理资源的快速整合与要素流动,尽可能缩小时间差和空间差,控制问题的蔓延范围与影响程度。第三阶段,末端预防。任何问题的发生都会产生连锁反应和衍生性后果。末端预防正是为了应对这些后续影响,防止问题进一步演化和复杂化。为此,整体性治理理论主张时刻监督和跟进问题的处理进度,运用先进的信息技术和专业的治理判断,联合各部门、各主体开展系统化干预,实现对问题的全面化解和深层修复。

四、整体性治理理论的评价

作为治理理论的一个重要分支和发展类型,整体性治理理论实现了对治理理论的进一步丰富和发展。该理论凭借较强的科学性和实用性,越来越受到理论界和实践界的广泛认可,甚至一度被认为是公共行政领域的一种新兴治理范式。

这一治理范式具有显著优势:一方面,这一范式有利于实现治理问题跨部门、跨边界的有效解决,消除了治理过程中的"真空地带",提升了治理的广泛性和包容性;另一方面,这一范式有利于实现不同治理行动者之间资源的整合与共享,形成强大的治理合力,从而大幅提高治理的效能。

---

❶ SIX P. Holistic government[M]. London:Demos,1997:50.

更为重要的是,这一范式以公众整体需求为核心导向,避免了对公共需求的机械分割,促进了公共产品与服务供给的一体化和无缝化,提升了公众对治理质量的满意度和对治理成果的共享度。然而,作为一种新兴的治理范式,整体性治理理论仍处在探索和发展阶段,其自身不可避免地存在一些问题和局限。例如,在面对不同治理主体的利益诉求时,整体联动往往颇具难度。若处理不当,可能会导致治理工作的停滞或效率下降。并且,过度强调整合与统一,也可能抑制治理机制的多样化发展,进而影响治理决策的灵活性与服务的精准性。

虽然整体性治理理论尚有一些缺陷与不足,但从辩证的视角来看,这些缺陷和不足恰恰为其进一步发展提供了机遇和空间。任何理论体系的成熟都需在复杂多变的现实情境中经受检验与完善,逐步克服自身的缺陷,走向系统化、科学化的发展路径。整体性治理理论的演进也正处于这样一个动态优化的过程之中。值得肯定的是,当前已有众多研究者将推动该理论的深化与完善视为自身的重要使命,持续在理论构建与实践应用层面开展探索与努力。相信在不久的将来,整体性治理理论必将成为一种兼具科学性、完备性和普适性的成熟治理范式。

第三节　数字治理理论

科技发展是治理范式得以转型的重要依托。近些年来,移动互联网、物联网、大数据、人机交互、区块链、人工智能等数字技术迅猛发展,将人类社会带进了一个全新的数字化时代,并对人类社会的经济、政治、文化、生活等方面产生了深刻影响。与此同时,由于新公共管理运动的式微,人们开始反思公共行政领域"效率至上"的市场逻辑,逐步向"多元协同""公共价值"的治理导向转变。数字化技术的崛起为解决当前棘手的治理问题提供了新的契机，人们迅速将这些前沿科技应用于治理实践，推动了治理范式向数字化治理的转变。

一、数字治理的含义

数字治理的研究缘起于西方。早在1996年，曼纽尔·卡斯特（Manuel Castells）在《网络社会的崛起》（*The Rise of the Internet Society*）中就指出，信息时代的到来对治理提出了更高的要求，并初步确立了数字治理的基本框架和研究范畴。❶2006年，英国学者帕特里克·邓利维（Patrick Dunleavy）首次提出"数字时代的治理"（Digital Era Governance）的概念，并对数字治理进行了系统的论述。他强调政府应运用数字技术，在治理创新、简化流程、体察民情、解决问题等方面完成角色转变，进而提升自身的治理能力。他还详细列举了数字治理变革的九个核心要素：电子服务交付、基于网络的效用处理、国家层面集中信息技术的采购、自动化流程的新形式、全面的非中介化、渠道分流与顾客细分、减少受控渠道、行政权力的均等化、更开放的管理机制。❷此后，邓利维和玛格丽茨（Margetts）进一步从多元主体的视角出发，提出数字治理应构建一种"协同性治理"（Corporate governance）模式，即由个体、组织与机构等多方利益相关者组成一个共同行动的生态系统，系统内的成员通过协同合作，实现资源的优化配置，从而推动系统的有序运行与可持续发展。❸此外，萨莫拉（Zamora）等学者将数字治理定义为，政府借助信息和数字技术以优化公共服务，建立

---

❶ 卡斯特.网络社会的崛起[M].夏铸九,译.北京:社会科学文献出版社,2006:153.

❷ DUNLEAVY P, MARGETTS H, BASTOW S, et al. Digital Era Governance: IT Corporations, the State, and E-Government[M]. Oxford: Oxford University Press Inc, 2006: 216-237.

❸ MARGETTS H, DUNLEAVY P. The Second Wave of Digital-era Goverance: A Quasi-paradigm for Government on the web[J]. Philosophical Transactions of the Royal Society A: Mathematical, Physical and Engineering Science, 2013, 371(1987).

问责制度,提高政府透明度,进而改善公民生活质量的新型治理模式。❶米拉科维奇(Milakovich)则指出,数字治理是一个涵盖信息通信技术网络化扩展与应用的宽泛概念,它包括快速网络访问、移动服务交付、网络电话通信等内容。他认为,从电子政务向数字化政务的转型是政府治理变革的必然趋势,信息技术将在未来治理体系中发挥不可替代的作用。❷

  国内学者对数字治理也进行了富有成效的研究。2008年,竺乾威在《公共行政理论》中系统翻译并介绍了帕特里克·邓利维关于数字治理的核心观点。自此之后,国内学者对该领域的研究迅速兴起并持续深化,产生了一系列的重要研究成果。徐晓林等认为,数字治理(亦称"电子治理"),是在电子商务与电子政务之后兴起的一种新的治理模式。他们从广义与狭义两个维度对数字治理的内涵进行了剖析:广义上,数字治理不仅仅是信息技术在公共事务中的应用,更是一种社会与政治组织活动的新形式,主要包括对经济与社会资源的统筹治理及影响政府、立法机关和公共管理过程的各类活动;狭义上,数字治理是指政府在与社会、企业互动及内部事务处理中,借助信息技术简化流程、提高效率,并促进治理过程的民主化。❸颜佳华等指出,数字治理标志着电子政务从技术层面向治理层面的演进,体现了数字要素与治理的深度融合。它将信息通信技术广泛应用于政府内外部行政过程,不仅实现了对政府组织的"赋能",也实现了对社会公众的"赋权",从而推动政府管理转向以公民为中心的治

---

❶ ZAMORA D, BARAHONA J C, PALACO I. Case: Digital Governance Office [J]. Journal of Business Research, 2016, 6(10): 19-30.

❷ MILAKOVICH M E. Digital Governance: New Technologies For Improving Public Service and Participation [M]. Abingdon: Taylor and Francis, 2012: 175-178.

❸ 徐晓林,刘勇. 数字治理对城市政府善治的影响研究[J]. 公共管理学报,2006(1):13-20,107-108.

理发展模式。❶李滔等指出,数字治理的本质是以人为本、共治共享的治理,是政府主导、多元主体协同参与的治理,是增进公共利益和提升民生福祉的治理,是以数据为基础、以数字技术和平台为支撑的治理。❷冯奎等则将数字治理的核心内容概括为三个方面:(1)数字民主,即市民通过数字手段参与城市发展的决策与互动过程;(2)数字政务,即数字技术在政府决策、服务、治理及监督等方面的应用;(3)数字交付,即公众与企业通过政务平台以货币或非货币方式便捷获取的服务。❸

总体而言,数字治理是一种以互联网技术为基础,综合运用大数据、云计算、人工智能等手段,提升政府、企业和社会组织治理能力与效率的治理模式。其核心目标在于应对数字时代的复杂问题与挑战,实现公共利益与个人福祉的最大化。

二、数字治理理论的核心内容

(一)重新整合

重新整合是指政府将之前下放或分离出去的职能重新收回和整合,通过适当的集权提升治理效率,减少资源的冗余和浪费,同时通过扁平化的治理结构使公共服务供给更加高效便捷。鉴于新公共管理运动所引发的效率低下和碎片化问题,政府必须对既有治理模式进行深刻反思,重新整合权力资源,多主体协同治理便成为解决这些问题的有效途径。协同治理机制通过引入多元主体参与治理过程,解决了传统单一治理模式下的权力过度集中问题,实现了权力的有效制衡与监督。在

---

❶ 颜佳华,王张华.数字治理、数据治理、智能治理与智慧治理概念及其关系辨析[J].湘潭大学学报,2019(5):25-30,88.

❷ 李韬,冯贺霞.数字治理的多维视角、科学内涵与基本要素[J].南京大学学报,2022(1):70-79,157-158.

❸ 冯奎,唐鹏,郭巍.数字治理:中国城市视角[M].北京:电子工业出版社,2021:221-222.

信息化时代背景下,协同治理机制推动了资源跨部门共享,解决了部门之间的交流壁垒,加强了跨部门间的合作,不仅缓解了治理的碎片化难题,也提升了各部门的治理能力。因此,政府职能和权力结构的重新整合,既是数字化技术应用的现实要求,也是数字治理理论深化发展的必然趋势。

数字治理理论主张通过重新整合实现治理的"再政府化",即将原本外包给私营部门的事务重新纳入政府管理范畴。这一过程并非政府职能的简单回归,而是政府根据治理环境的动态变化,灵活调整和优化职能配置,体现了政府对治理全过程的深刻把握。借助信息技术的发展,政府能够更加精准地识别公共问题、制定响应策略,确保公共产品和服务更加契合民众实际需求。尽管扁平化的政府机构改革可能带来人员的压缩和减少,但其核心目的是提升部门的信息化水平和员工资源配置效率,实现资源的最优利用。同时,信息技术还通过集中采购、流程再造、网络简化等手段,使治理过程更加专业化和透明化,从而在潜移默化中推动治理公共性的回归。

(二)以需求为基础的整体主义

以需求为基础的整体主义实现了对传统治理模式的革新,其核心在于通过调整和简化部门与公众之间的互动关系,打造更加全面、顺畅、高效的治理流程。数字治理理论主张在治权分配上采取一种平衡策略,既进行适度的权力集中,也进行合理的权力下放,实现集权与分权的有机统一。该理论试图重新建构一种从公众需求输入到服务结果输出的全新治理服务流程,推动政府行政办公体系逐步向互联网平台迁移,从而提升政府工作的透明度,确保政府的工作时刻接受社会和公众的监督。

数字治理理论强调以顾客需求为出发点,通过推行一站式服务、构建数据仓库、开展互动式信息搜集等综合性措施，推动治理流程的全面革新。一站式服务作为地方政府机构和行政服务中心的新型办公服务模式，包括综合服务窗口、"一站式商店"、互联网整合服务平台等形式，能够简化办事流程、提高行政效率、增强服务便捷性。数据仓库依托强大的信息技术与数据分析能力，为政府决策和服务优化提供坚实支撑。而互动式信息搜集通过多渠道、多路径获取同一问题的所有相关信息，增强了信息获取的全面性和交互性，为政府制定更加科学性和实践性的治理决策提供有力保障。

（三）数字化变革

数字化变革是指通过运用先进数字技术影响公共部门的组织架构、内部文化及公众对政府信息技术应用的看法，从而实现对治理权力的重塑和优化。网络平台的构建极大地促进了政府与公众之间的信息传递，为双方的持续沟通搭建了桥梁。尤其是电子交付方式逐步取代传统纸质交付方式，为电子商务和电子政务的发展创造了条件。借助先进信息技术的支持，电子交付系统拥有完善的运行系统和直观易用的人机交互界面，使得操作人员（包括政府人员和社会公众）无须专业的计算机技术，也能轻松上手。电子交付的简便性和易用性，不仅提高了政府的治理效率，也增强了政府与公众之间的互动与信任。

正如邓利维所提出的那样，数字化变革要求政府在治理实践中引入自动化流程、渠道分流、顾客细分、非中介化及开放管理等多种方式。[1] 具体而言：自动化流程运用"零接触"技术，使计算机系统可独立完成许多繁杂的行政事务，从而消除人为干预，提高办事效率；渠道分流和顾客细分则遵循整体性原则，通过差异化和专业化的服务路径优化治理流程，

---

[1] DUNLEAVY P, MARGETTS H, BASTOW S, et al. Digital Era Governance: IT Corporations, the State, and E-Government[M]. Oxford: Oxford University Press Inc., 2006: 216-237.

实现资源的精准匹配;非中介化打破中间环节,实现政府、企业和社会公众依托网络平台的直接沟通与协作,提升回应速度与服务质量;开放管理则强调政务信息的透明化和权力下放,通过网络平台扩大公众参与空间,赋予社会更多自主权和自治权,构建一个政府、企业、公众互联互通的治理生态系统。

三、数字治理理论的基本特征

(一)将网络信息技术作为治理的主要工具

随着网络信息技术的飞速发展和不断迭代,政府治理的手段和方式得到了极大丰富。传统的科层制管理模式虽具有权责明确、分工细致的优势,但也暴露出部门壁垒严重、职责推诿,政令不畅及形式主义等弊端。新一代网络信息技术——大数据、人工智能、区块链和5G通信技术——不仅正在逐渐改变人们的生活方式,同时也为治理体系带来了前所未有的创新契机。具体而言,大数据技术有助于打破公共部门之间的条块分割和信息壁垒,实现信息资源的充分共享与整合;人工智能技术则通过自动化、智能化手段辅助决策,处理烦琐事务,为复杂治理问题提供创新解决方案;区块链技术依托去中心化的链式结构,保障数据的安全性与透明性,从而提升治理的公信力与效率;5G通信技术凭借其高速率、低延迟和大连接能力,为"人—机—物"深度互联提供了坚实的基础设施支持,进一步拓展了智能治理的技术边界。总之,将网络信息技术嵌入治理体系,不仅优化了治理结构与流程,也为构建高效、透明、协同的现代治理体系提供了强有力的技术支撑。

(二)将公共数据视为治理的关键要素

公共数据主要是指国家机关、法律授权的具有公共事务管理职能的组织,以及供水、供电、供气、公共交通等公共服务运营部门,在履行职责和提供服务过程中收集和产生的数据信息。传统的市场要素主要包括土地、资本、劳动和技术。随着数字经济的蓬勃发展,公共数据已然成为一种新的市场要素。公共数据的开放与共享是数字赋能治理的关键。相较于企业和网络平台,政府部门是公共数据的主要持有者,其开放程度和利用效率直接决定了数字赋能治理的质量和水平。种类丰富、条分精细的公共数据实际上是一座尚待充分开发的"数字宝库",唯有通过制度化、规范化的开放,才能挖掘和释放出其蕴含的巨大潜在价值。公共数据的开放具有两方面的重要意义:一方面,它可以促进数据资源的高效利用,使技术企业和公司能够利用这些数据造福社会,从而释放公共数据的社会价值;另一方面,它可以为数字经济发展注入新动能,推动产业结构转型升级,增强经济高质量发展的内生动力。

(三)重视多元主体之间的协同合作

数字治理理论强调,政府公共部门、科技企业与社会公众共同构成了数字治理的核心主体。首先,政府公共部门是数字治理的主导力量和责任承担者。其以自身掌握的公共数据为基础,牵头融入数字治理过程并对此负责。毫不夸张地讲,没有政府公共部门的推动与支撑,任何形式的数字治理都是空谈。其次,以互联网平台为代表的科技企业是数字治理的重要力量。科技企业凭借强大的专业知识和技术能力,影响着数字治理的各个环节,甚至政府公共部门的数字化运营也离不开这些科技企业的技术支持。最后,社会公众是数字治理的主体和服务对象。社会公众的广泛参与是数字治理提质增效的重要保障。数字治理的基本目标是为人民提供高效便捷的公共服务。社会公众既是各种数字化服务的使用者,也是服务质量的评价者。因此,任何数字服务都要以满足社会公众的需求为根本标准。为了推进数字治理的持续深化发展,必须建立起以政府公共部门、科技企业和社会公众为基础的多元共治格局,通过强化主体间的协同合作,推动数字治理向更高水平迈进。

四、数字治理理论的评价

作为治理理论发展的重要分支,数字治理理论已成为数字时代一种全新的治理取向。[1]该理论在提高政府决策透明度、增强公众参与度、推动跨部门信息共享与资源整合、提供个性化服务等方面具有显著优势。这些优势使数字治理成为一种具有强大生命力和前瞻性的治理模式。当前,数字治理理论已在全球范围内取得丰硕的实践成果,特别是在英国、美国、荷兰、日本、加拿大和新西兰等国家得到了广泛应用,对这些国家的公共管理实践产生了深远影响。这一治理模式不仅有效提升了政府的管理效率和服务质量,也加速推进了社会的数字化转型和升级。

然而,数字治理理论在治理实践过程中也暴露出了一些问题。一是数据安全和隐私保护问题。数字治理会涉及大量个人信息的收集、存储和利用,因此,数据泄露的风险会相应增加。一旦数据被非法获取或滥用,将对个人隐私和社会信任造成威胁。二是数字鸿沟问题。尽管数字技术发展迅速,但部分地区或群体受经济、教育、文化等因素的影响仍难以充分享受数字红利,这可能加剧社会不平等,影响治理的公平性。三是技术依赖的潜在风险。在高度依赖技术系统的背景下,一旦关键性技术系统出现故障或遭受恶意攻击,可能会导致整个治理系统的瘫痪,影响治理的连续性和稳定性。

展望未来,数字治理理论仍展现出无限的发展潜力和广阔前景。随着科技的持续进步与制度机制的不断完善,该理论将不断自我调整与优化,化解自身存在的问题与局限,从而更有效地应对日益复杂的治理挑

---

[1] 韩兆柱.公共治理前沿理论及其应用研究[M].秦皇岛:燕山大学出版社,2021:113.

战。可以预见,数字化治理理论将在推动国家治理体系现代化、提升公共服务效能、实现社会高质量发展等方面发挥越来越关键的作用。

第四节 元治理理论

纵观治理的发展历程不难发现,依赖单一治理模式在某些情况下不仅无法有效解决治理问题,反而可能导致治理失灵。为破解这一困局,元治理(Meta-governance)理论应运而生。这一理论的提出,为治理的发展注入了新的活力。

一、元治理的含义

1997年,英国兰卡斯特大学教授鲍勃·杰索普(Bob Jessop)首次提出"元治理"概念,旨在回应资本主义国家在治理实践中所面临的结构性难题。[1]他在后续发表的论文《治理的兴起及其失败的风险:以经济发展为例的论述》(The Rise of Governance and the Risks of Failure: the Case of Economic Development)中指出,虽然科层制治理、市场化治理和自组织治理在国家治理中各有优势,但同时也存在着治理失灵的潜在风险。为解决这一问题,需要发挥元治理的作用。他将元治理定义为:为了克服治理失灵而进行的对自我管理的管理或自我组织的组织,目的是实现科层制治理、市场化治理、自组织治理三者之间的协调,而非相互对抗。[2]伊娃·索伦森(Eva Sørensen)是继杰索普之后研究元治理理论的又一代表人物。她提出了元治理的四种理论路径:相互依赖理论(Interdependency Theory)、

---

[1] JESSOP B. Governance, Governance Failure, and Meta-Governance [R]. University della Calabria, Arcavacata di Rende, 2003: 6-15.

[2] JESSOP B. The Rise of Governance and the Risks of Failure: the Case of Economic Development [J]. InternationalSocial Science Journal, 1998, 155(50): 29-45.

治理能力理论(Governability Theory)、整合理论(Integration Theory)和治理术理论(Governmentality Theory)。她认为,在多元且碎片化的治理系统中,元治理的核心在于尊重各治理主体高度自主权的同时,尽最大可能地促进各方之间的合作。❶这一观点为元治理在复杂治理环境中的实际应用提供了重要的理论指导。马克·怀特黑德(Mark Whitehead)在继承杰索普观点的基础上,阐述了自己对元治理的独特见解。他认为,元治理是政治权威通过设定规则、组织知识、制定战略及政策导向等手段,推动和引导自组织治理体系的形成。在这一过程中,政府不仅是协调者,更是主导者。❷鲍德维因·德科萨(Boudewijn Derkx)等人则侧重于具体领域的研究,他们强调元治理是为了维持特定领域治理的一致性与连贯性,兼顾治理主体的自主性与治理结构的整体协同性,以构建一种更高层次的协商合作秩序。❸库伊曼等人从治理特征的角度出发,指出元治理不仅为具体治理活动确立原则,还建立了不同治理特征之间的规范性联系,因此,在一定意义上,元治理可以被看作各种治理特征的综合体现。❹此外,贝尔·史蒂芬(Bell Stephen)和亚历克斯·霍穆尔(Alex Hindmoor)从核心要素出发,指出元治理有六个核心要素:掌舵、效益、资源、民主、责任与合法性。❺这些要素共同构建起元治理的基本框架,确保其在实践应用中的系统性、有效性与可持续性。

---

❶ SØRENSEN E. Meta-governance: the Changing Role of Politicians in Processes of Democratic Governance[J]. American Review of Public Administration, 2006, 36(1): 100-124.

❷ WHITEHEAD M. In the Shadow of Hierarchy: Meta-governance, Policy Reform and Urban Regeneration in the West Midlands[J]. Area, 2003, 35(1): 7-8.

❸ Derkxa B, Glasbergenb P. Elaborating Global Private Meta-governance: An Inventory in the Realm of Voluntary Sustainability Standards[J]. Global Environmental Change, 2014, 27(1): 42-57.

❹ 转引自王浦劬,臧雷振.治理理论与实践:经典议题研究新解[M].北京:中央编译出版社,2017:203.

❺ STEPHEN B, HINDMOOR A. Rethinking Governance: The Centrality of the State in Modern Society[M]. Cambridge: Cambridge University Press, 2009: 123.

总体而言,元治理是对国家、市场、社会等多元治理力量进行的宏观安排和优化组合,旨在构建一种相互适配、协同运作的治理机制或框架,以克服过去单纯依靠某一种治理模式的局限性,从而有效应对复杂多变环境中的治理挑战。

二、元治理理论的基本要素

(一)治理主体

尽管元治理理论倡导国家或政府、企业、社会组织、公民个人等多元主体共同参与社会事务的治理,但其强调国家或政府才是治理体系的核心主体。早在1990年,杰索普在其著作《国家理论:把资本主义国家放回应有位置》(*State Theory: Putting Capitalist States in their Place*)中就明确指出,元治理的主体必须由国家或政府承担,其作为元治理的主导力量具有不可替代的必要性和必然性。❶在元治理实践中,国家或政府在资源整合、制度设计、统筹协调、优化实施等方面具有独特优势,这是其他任何主体都无法比拟的。当国家或政府确立其主导地位时,不仅有助于稳定多元治理主体之间的关系,也能在一定程度上降低治理过程中的复杂性与不确定性,从而提升治理的整体效能。需要指出的是,元治理理论虽强调国家或政府的核心主导地位,但它并非之前"国家中心主义"的返场,其角色更像是"同辈中的长者",其职能主要在于宏观引导和协调整合,而非通过强制性手段来控制整个治理过程。

(二)治理客体

元治理的客体可以分为直接客体和间接客体。直接客体是指针对政府、市场、社会建立起的三种主要的治理模式:科层制治理、市场化治理

---

❶ 转引自俞可平. 治理与善治[M]. 北京:社会科学文献出版社,2000:80-81.

和自组织治理。科层制治理基于传统官僚体制,由政府主导,强调制度化与权威性;市场化治理以市场机制为核心,通过资源配置和竞争机制实现治理目标;自组织治理遵循自愿自主参与的原则,强调多元主体间的协同与合作。这三种治理模式并非彼此割裂,而是在具体实践中经常交叉融合,以适应不断变化的治理需求。元治理的间接客体则是指广义或狭义的公共事务,即治理活动的最终指向对象。从一般意义上讲,科层制治理、市场化治理、自组织治理大体上分别对应政府、市场、社会三个层面的公共事务。因此,元治理也被划分为内部元治理(Internal meta-governance)和外部元治理(External meta-governance)两种类型。内部元治理主要聚焦于政府内部,主要是为了协调科层制治理、市场化治理和自组织治理在政府运行中的应用与冲突;而外部元治理则侧重于政府与社会主体之间的关系调整,特别是"政府—市场—社会"三者之间的权责分配与互动机制。内外部元治理相辅相成、相互作用,共同构成一个系统完整、动态平衡的治理结构。

(三)治理策略

元治理的核心策略在于协调与整合科层制治理、市场化治理和自组织治理三种主要治理模式,旨在减少它们之间的冲突与对立,充分发挥三者的互补优势与协同效应,从而实现"1+1>2"的治理成效。为了实现这一目标,元治理应采取两种基本策略:元治理的首要策略,有效连接三种治理模式并妥善处理它们之间的"关联性"。科层制治理可以用来解决实际冲突;市场化治理;能提升公民参与的积极性与主动性;自组织治理可拓展治理视野、激发创新。三者的混合运用可充分发挥各自优势,实现协同增效,进而形成更强的治理合力。元治理的第二策略,灵活调控三种治理模式的"开合"状态。它要求元治理根据时间、环境和治理需求的变化,灵活采取合适的治理模式。当自组织治理陷入无休止的争论时,可开启科层制治理,利用其权威性和决断力来化解纠纷;当科层制治理缺乏社会公众的认可时,可开启更具亲民性和包容性的自组织治理,通过开放式的沟通协商达成共识;当科层制治理导致治理体系活力不足时,可开启市场化治理和自组织治理,激发治理体系中各方的积极性和创造力。通过这种灵活的"开合"机制,实现不同治理模式之间的顺畅过渡和高效协作,从而推动治理体系的持续优化和效能提升。

三、元治理理论的基本特征

（一）注重宏观层面的治理规划

正如杰索普所言:"元治理是将多种独立的治理模式进行协作,推动不同治理模式协作关系的更新,在不削减民族国家内在一致性的前提下,建立适当的宏观组织与互动体系能力来应对日益复杂的现实问题。"[1]元治理理论并不局限于某一特定的治理模式,而是强调在治理实践中统筹兼顾、协调整合,积极利用和吸收各类治理模式的优势,以应对高度复杂和动态变化的社会挑战。相比传统的单一治理逻辑,元治理理论展现出更为宏大的治理愿景和战略目标。它主张通过整合科层制治理、市场化治理与自组织治理三大治理模式中的制度机制和要素,构建一个有机联动、灵活应变的宏观治理架构,以期实现更佳的治理效果和更高的社会协同性。

（二）强调政府的核心引领作用

元治理理论强调,政府在整个治理体系中具有绝对核心地位,它不仅

---

[1] JESSOP B. The Social Embeddedness of the Economy and Its Implications for Economic Governance [EB/OL]. http://www.cddc.vt.edu/digitalfordism/Fordism_materials/jessop2.htm.

是治理活动的关键主体,更是元治理的主导者,承担着统筹协调多元治理模式、整合治理资源、维护系统稳定的重要职责。其主导地位主要体现在以下几个方面:(1)制定基本规则。政府为不同治理模式的协同运行提供统一的规则框架,确保各模式在制度上兼容互补,实现有序互动与规范协作。(2)掌握组织与信息资源。政府凭借强大的组织体系与信息获取能力,能够在治理冲突中发挥裁决作用,调节权力失衡,维护系统的公正与稳定。(3)主导网络构建与协商谈判。在政府引导下,不同主体间更容易建立稳定的合作网络,通过制度化的协商平台降低协调成本,减少干扰与摩擦。(4)应对组织间关系变化。面对多元治理结构的动态调整,政府具备宏观调控能力,可灵活应对组织关系的演变,确保治理体系的协调与国家整体性不受损。(5)保障制度完整性与社会凝聚力。作为"最后守门人",政府在关键时刻可发挥兜底作用,维护社会制度的连续性与社会的整体凝聚力。总之,政府的主导是元治理顺利推进的基础保障,是实现多元共治与协同治理的关键支撑。

(三)从复杂性视角解释治理失灵的根源

随着社会的快速发展,治理环境与所面对的问题呈现出前所未有的复杂性,元治理理论将此视为治理失灵的主要原因。从复杂性视角出发,单一的治理模式——无论是科层制治理、市场化治理,还是自组织治理——都难以单独应对当前错综复杂的治理挑战。面对此情况,如果将三种治理模式简单相加,不仅无法提升治理能力,反而可能因逻辑冲突、运行机制不兼容而互相制约,导致协同失效,出现"事倍功半"的问题。因此,唯有通过元治理对三种治理模式进行统筹协调、系统整合,才能有效应对环境的不确定性,实现"事半功倍"的治理成效。针对治理的复杂性以及治理失灵问题,杰索普提出了四条建议:(1)简化治理模式与实践。通过简化流程与方法,降低处理问题的复杂性,使治理目标更容易实现。(2)建立相互依赖的治理机制。培育各主体在行动中的责任感和能力，增强在复杂环境下协调合作的可能性，并提升动态学习和适应能力。(3)探索多元化的协调方法。根据不同社会力量、活动领域及时空背景，设计灵活有效的协调策略，更好地整合各方资源和利益。(4)构建共享价值观。通过树立普遍认可的价值观，引导个人行为与整体治理目标趋同，增强社会的凝聚力和向心力。❶

（四）秉承多元协同共治的理念

元治理被称为"治理的治理"（Governance of Governance），即通过平衡和整合不同类型治理模式之间的关系，有效规避治理失效的潜在风险。不同治理模式的平衡与整合必然意味着治理过程中的多元主体参与。元治理表面上看是不同治理模式之间的平衡和整合，实际上却是不同治理主体在治理过程中的角色和权力分配问题。元治理理论主张在政府的宏观指导和调控下，各治理主体根据具体的治理问题采取相应的合作策略和治理手段。这种协同共治模式，既确保了政府在关键时刻的调控能力，又充分发挥了多元主体的积极性与创造性。在这一模式下，多元主体在政府的引领下，无缝合作、灵活应对，共同攻克治理难题，不仅避免了治理失效问题，还大幅提升了治理的整体效能。在这里，需要着重指出的是，尽管元治理理论强调政府在治理过程中的核心主导作用，但其本质上依然遵循多元主体协同共治的基本治理原则，即在统一协调中实现各方优势互补和共赢合作。

四、元治理理论的评价

元治理理论是治理理论演化发展的产物，是治理理论谱系的重要组

---

❶ JESSOP B. Governance, Governance Failure, and Meta-Governance[R]. University della Calabria, Arcavacata di Rende, 2003:6-15.

成部分和关键分支。每当既有治理模式陷入困境时,新的治理范式便会应运而生。元治理理论正是在科层制治理、市场化治理、自组织治理相继失灵的背景下兴起的,意在从更高层次统筹协调以上三种治理模式,以应对日益复杂的治理挑战。在此意义上,元治理理论丰富和扩展了治理理论,是对治理理论的发展、补充和完善。

然而,没有任何一种治理模式是尽善尽美的,可以解决一切的治理问题。元治理理论也不例外,其同样面临失败的风险。治理本身是一个不断变化、动态发展的过程,这要求治理的目标、步骤和方法必须根据具体情况的变化而调整。在这个过程中,如果治理伙伴之间未能达成共识,治理就可能陷入僵局。杰索普曾指出,元治理失败的一个重要原因是政府悖论的存在。一方面,政府作为社会构成体系的一部分,与其他治理主体共同承担制度运行的责任;另一方面,它又被赋予维系社会整体秩序与凝聚力的主导责任。[1]进言之,政府既是有效治理的必要支撑,也可能因角色越位或协调失衡而成为有效治理的障碍。这种内在矛盾构成了元治理难以彻底摆脱失败风险的悖论。

此外,元治理在一定程度上意味着行政或政治强制力的重新介入,因而呈现出某种重回传统科层制治理的倾向。元治理理论主张重构治理结构,通过限制非政府主体的治理权力,强化政府的主导地位和宏观调控能力。然而,这种做法不可避免地会削弱其他主体在治理体系中的影响力,可能导致协同治理的活力受限。由此可以看出,元治理对政府的权力运用提出了更高要求,它要求政府在管制不足和管制过度之间找到精准平衡。因为管制不足容易导致治理的碎片化,管制过度则容易挫伤其他治理主体的积极性。所有这些都构成了元治理在实践中的难题。

综上所述,元治理就像一种平衡的艺术,试图平衡不同治理模式之间

---

[1] JESSOP B. The Future of the Capitalist State[M]. Cambridge: Polity Press, 2002: 243.

的关系,以有效解决治理难题,化解治理危机,进而实现既定的治理目标。尽管它有着自身难以克服的局限,但随着理论研究的不断深化和实践机制的持续优化,其必定可以满足不同领域和层次的治理需求,也必将在未来拥有广阔的发展前景和重要的应用价值。

第四章　治理理论的基本功能、理论困境和实践应用

在对治理理论的产生和发展进行系统研究之后,有必要进一步分析其基本功能和理论困境,以完成对治理理论的客观评价,形成全局视角的阐释。同时,借助对实践应用成功案例的分析,可以更直观、更真切地感受治理理论的显著优势。

第一节　治理理论的基本功能

治理理论作为适应社会与时代发展需要的重要理论范式,在提高治理效率、增强社会灵活性、维护社会公平正义及保障社会和谐稳定等方面发挥着重要作用,而所有这些作用都体现在其基本功能之中,具体如下。

一、多元协调功能

治理理论的多元协调功能,主要体现在对治理过程中各类主体关系的系统协调,意在促进治理目标的高效实现,这种协调包括利益协调、权力协调、制度协调、文化协调、国际合作协调等多个方面。第一,利益协调。治理理论认为,在治理过程中应充分考虑和平衡各方的利益诉求和实际意愿,通过协商、谈判、沟通等方式使各方基于共同利益达成广泛共识,从而营造合作治理的良好氛围。第二,权力协调。治理权力是分散

的、多元的。每个治理主体均应拥有相应的参与权。为此,治理理论主张需要对权力进行合理配置和制衡,防止权力过于分散或过于集中,并根据具体的治理情境构建适当的权力运行模式,以保障治理的有效性和公平性。第三,制度协调。制度是治理的关键工具。[1]治理理论强调必须及时调整、完善和更新相关制度,使其符合当前的社会发展和治理需要。同时,还要协调好不同制度之间的关系,构建一个相互补充、相互支撑、衔接紧密和有机统一的制度体系,为治理实践提供坚实的制度支撑。第四,文化协调。治理理论倡导应充分尊重和考虑不同民族与地区的文化传统和社会习俗,通过文化层面的统筹协调增强治理的认同感和亲和力,进而减少治理阻力,提升治理效能。第五,国际合作协调。在全球化的背景下,治理不再局限于国家内部,而日益呈现出跨国合作的特征。治理理论呼吁妥善处理不同国家间的利益关系、国情差异和政策分歧,推动各国协同应对全球性问题,实现互利共赢与可持续发展。

二、秩序建构功能

治理理论的秩序建构功能是指包括国家或政府在内的多元治理主体携手合作,利用科学、规范的治理工具与方法,共同构建一个和谐、稳定且高效的社会秩序,以保障社会的良性运行和稳定发展。具体而言,这一功能主要体现在以下几个方面:(1)明确治理责任。虽然主体多元化带来了责任认定的困难,但治理理论仍强调明确各主体在治理过程中的具体责任。[2]通过清晰界定政府部门、社会组织、市场主体以及公民个体的责任边界,可以确保治理合作的有条不紊,避免因职责交叉或模糊而引发的混乱局面。(2)构建完善的规则和制度体系。治理理论高度重视规则

---

[1] 马园园. 埃莉诺·奥斯特罗姆制度治理思想研究[D]. 徐州:中国矿业大学,2017:3.

[2] 张贤明. 负责任的治理:跨越政策过程中的"责任陷阱"[J]. 西华师范大学学报(哲学社会科学版),2023(1):20-27.

与制度建设,主张制定系统化、可操作的制度、规则和政策。这些制度规范不仅能有效约束治理主体的行为,还能为各方提供一个明确的行动框架,确保所有治理活动都在既定的规则范围内进行,进而维护社会的整体秩序。(3)促进沟通与协调。治理理论倡导在多元主体之间建立高效的沟通与协调机制。通过搭建专门的交流平台,推动各方信息共享和达成共识,减少治理过程中的阻力,从而增强社会秩序的稳定性。(4)妥善化解矛盾纠纷。治理理论主张通过建立公正、透明的冲突预防和矛盾化解机制,及时介入、合理处理各类冲突,防止事态进一步恶化,确保社会秩序的和谐与稳定。(5)建立共同的价值观。"治理体系中的多元参与主体以某一或某类价值观作为标准对自己的行为进行规范,并内化为自觉的价值取向。"❶当不同治理主体拥有一致的价值观时,更容易就某一问题或行动达成共识,也能更自觉地遵守组织规则和治理秩序。(6)倡导社会广泛参与和共治共享。治理理论鼓励社会各界广泛参与治理实践。通过制度吸引和激励机制,提升公众的参与感、责任感和归属感,进一步增强公众对秩序的认同感和支持度,共同推动良性治理结构的形成。

三、资源配置功能

治理理论的资源配置功能是指通过多元主体的积极参与、充分协商与紧密合作,实现对治理资源的有序、合理且高效的配置和利用。这一功能结合了市场竞争机制的优势,旨在弥补政府单方面资源配置可能出现的动力不足问题,同时也强调政府的宏观调控作用,以避免单纯市场配置可能出现的资源失效情况。治理理论试图寻找一种既能发挥政府和市场在资源配置中的优势,又能弥补它们短板的治理模式。具体而言,治理理论的资源配置功能主要体现在以下几个方面:(1)资源整合。通过鼓励不同治理主体参与决策和资源分配过程,使不同领域、不同层次的治理资

---

❶ 王刚,宋锴业.治理理论的本质及其实现逻辑[J].求实,2017(3):50-65.

源得到有效整合,从而增强治理资源的流动性,实现资源的优化配置。(2)提高治理效能。多元主体的参与带来了更丰富、更充足和更专业的资源和知识。通过多元协作能够实现资源优势集中与分散的平衡,针对不同类型的治理问题制定精准的资源分配方案,避免治理资源的重复投入和低效使用。(3)可持续发展。资源是有限的,但社会需求却是多样的、无限增长的。通过资源的合理配置能够促进资源的高效利用,减少资源的过度开采和浪费,保护自然资源和生态环境,进而实现经济、社会与生态环境的长期可持续发展。

四、公共服务功能

治理理论的公共服务职能是指通过多种机制和制度安排,提升公共服务的质量与效率。具体而言,这一功能主要体现在以下几个方面:(1)多元化公共服务供给。治理理论不仅肯定政府在公共服务供给中的关键作用,同时也强调非政府组织、私营部门和自愿部门等主体在公共服务供给中的重要性。[1]当前,公共服务供给的基本趋势是政府与其他主体携手,通过建立合作伙伴关系,共同构建一个多元化、协同化的公共服务体系。(2)维护和增进公共利益。治理理论强调公共服务的首要目标是实现和维护公共利益,尤其是关涉民生的公共服务。[2]因此,公共服务决策必须全面考虑和充分反映社会公众的权益和诉求,保障服务的公平性和普惠性,增强公众的获得感和满意度。(3)制度建设与改革。提升公共服务效能离不开制度支撑。治理理论主张建立健全涵盖法律法规、政策导向、服务标准等内容的制度框架,并及时对不再适用的制度进行改革、

---

[1] 李平原,刘海潮.探析奥斯特罗姆的多中心治理理论:从政府、市场、社会多元共治的视角[J].甘肃理论学刊,2014(3):127-130.

[2] 陈丽琴.公共利益:新公共服务与治理理论的联结点[J].湖北省社会主义学院学报,2004(6):66-68.

调整和创新,提高制度的适应性与引导力,以更好地适应社会和公民需求的变化。(4)促进基本公共服务均等化和非基本公共服务的发展。治理理论将基本公共服务均等化视为现代治理追求的重要目标。[1]它强调应为社会公众提供基本的、在不同阶段具有不同标准的、最终趋于均等的公共产品和服务,保证所有公民都有获得基本公共服务的机会和权利。同时,治理理论也支持发展混合公共服务或更高层次的非基本公共服务,如高福利服务、个性化服务等,以满足公众日益多样化的需求。

五、创新适应功能

治理理论的创新适应功能是指通过不断优化和制度创新,不断提高治理体系的适应力和韧性,以有效应对快速变化的治理环境和挑战。具体而言,这一功能主要体现在以下几个方面:(1)治理机制的创新。随着社会结构的演变和治理需求的不断变化,传统治理机制往往会暴露出适应性不足的问题。而治理理论能够通过引入新的视角和方法,推动治理机制不断创新,以有效应对这些新的治理需求与问题。(2)治理工具的创新。面对日益复杂化的治理环境,传统的治理工具已不再适用。新兴技术的广泛应用,如大数据、云计算、人工智能等,不仅拓宽了治理工具的边界,也显著提升了治理的效能,推动治理手段向数据化、智能化转型。(3)治理理念的创新。不同的治理理论发展类型必定拥有不同的治理理念,如网络化治理理论强调多元主体协同共治,整体性治理理论注重跨部门的整合与协调,数字治理理论突出技术赋能与数据驱动。这些不同的治理理念正是治理理论为应对不同的治理情境和问题所进行的理念创新。(4)增强治理韧性。治理韧性是指治理体系在面对突发事件或外部

---

[1] 翟小会.治理理论视域下基本公共服务均等化的机制创新[J].滁州学院学报,2009,11(4):22-24.

冲击时所展现出的适应能力与恢复能力。❶一个现代化的治理体系具备较强的治理韧性,不仅能有效规避治理功能的失衡,还能提升治理体系的灵活性和拓展治理机制执行的弹性空间,从而保证治理体系的稳定运行和治理目标的持续实现。

六、监督评估功能

监督评估功能是治理理论的重要功能之一,主要是对国家治理体系和治理能力的监控和评价。具体来说,这一功能主要包括以下几个方面:(1)政府绩效评估。通过全面考核和评价政府及官员的工作绩效,提升工作效率,强化责任感,并为政府人员的选拔任用提供重要参考。(2)推动制度优化。通过深入地监督评估,识别现有治理体系中的短板和不足,进而推动相关制度的改革与优化,最终实现治理效能的整体提升。(3)引入第三方治理。作为传统政府治理方式的补充与创新,第三方治理在治理的监督评估中发挥着重要作用。❷它在监督评估过程中的独立性和客观性能够保证治理方案不打折扣地执行,防止治理行动偏离既定目标。(4)民主参与机制。治理理论强调公民参与的重要性,认为民众对政府工作的监督与反馈不仅是一种重要的监督评估手段,也是衡量民主治理水平的重要标准。(5)持续改进机制。监督评估从来不是一次性的活动,而是一个动态持续的过程。通过不断的监督评估,能够确保治理行动始终在正确的轨道上,并不断向更高目标迈进。(6)国际比较与借鉴。在全球化背景下,治理理论的监督评估功能还包括与国际治理标准的对比分析。通过借鉴国际先进治理经验,推动国内治理水平的不断提升。(7)意识形态背景与本土化考量。在治理理论的实际应用中,必须考虑特定的

---

❶ 杨睿智.治理体系韧性:国家治理可持续的内在机理[J].探索,2024(1):53-64.
❷ 陈潭.第三方治理:理论范式与实践逻辑[J].政治学研究,2017(1):90-98,128.

政治倾向和意识形态背景。[1]这意味着治理理论的监督评估需要结合本国的具体国情进行调整,以确保治理方案与实际需求相契合。

第二节 治理理论的理论困境

治理理论自诞生以来,在公共管理学、社会学、政治学等领域具有较大的影响力,尤其在公共管理学领域成为最热门的理论。虽然该理论为解决现实治理难题提供了新的思路、方法和视角,并在治理实践中展现出显著优势,但我们不得不承认,治理理论仍然存在着难以克服的理论困境。

一、治理存在失灵的风险

政府治理、市场治理和自组织治理构成了现代社会治理的三大基本模式。从一定意义上讲,治理机制实质上正是对这三种治理模式的有机整合。政府治理凭借行政权利实现对公共产品的刚性供给;市场治理运用竞争机制、价格信号和供需关系完成对资源的高效分配;自组织治理则依托社会资本、自愿合作和规范网络推动协同共治与社会自治。治理的理想状态是将政府治理的公平性、市场治理的效率性和自组织治理的公益性有机融合,实现最优的治理效果。然而,这三种治理模式虽各具优势,却也存在固有局限,表现为:政府治理面临行政理性与官僚体制的双重桎梏,经常出现权力寻租、组织僵化与决策短视等"政府失灵"现象;[2]市场治理受制于资本逻辑与信息不对称的双重约束,容易滋生垄断操纵、外部性溢出与公共品供给不足等"市场失灵"问题;[3]自组织治理则受困

---

[1] 郑杭生,邵占鹏.治理理论的适用性、本土化与国际化[J].社会学评论,2015,3(2):34-46.

[2] 郝淑芹,杨玉强.市场失灵与政府失灵[J].济宁学院学报,2013(4):84-88.

[3] 沃尔夫.市场或政府:权衡两种不完善的选择[M].北京:中国发展出版社,1994:10.

于志愿失灵与集体行动困境的双重障碍,普遍面临组织松散、资源动员能力薄弱与制度化水平低等"自组织失灵"瓶颈。

治理理论的提出,原本是为了打破单一治理模式的局限,整合这三种治理模式的优势以提升治理效能。然而,当这三种治理模式产生"交互式失灵"时,治理机制也可能出现失灵。相较于政府治理,治理机制缺乏强制性的社会驱动力量,难以迅速整合资源和推动政策实施;相较于市场治理,治理机制缺乏吸引公众参与的利益激励机制,难以调动市场主体的积极性和创造力;相较于自组织治理,治理机制缺乏影响社会的道德动员能力,难以形成广泛的社会共识和支持。若缺乏系统的统筹规划与整合设计,治理机制不仅无法实现三种治理模式的优势互补,反而可能加剧机制冲突和功能错配,引发治理混乱和效率低下,最终陷入"治理失灵"的恶性循环。因此,如何克服三种治理模式各自的局限,构建高效协同、优势互补的综合治理体系,是当前治理理论需要认真探讨和亟待解决的重要问题。

二、多主体集体协作的失败

治理理论主张多元主体通过沟通、对话与协商达成共识,共享信息和资源,采取集体行动以处理共同事务。从这个意义上讲,治理本质上是一种合作治理。这种合作治理有利于降低决策失误的可能性,提高治理的效率。然而,治理理论虽然看到了合作带来的治理优势,却忽略了合作过程中容易产生的问题。

从"经济人假设"的角度来看,即便多元主体间存在一定的共同利益,并认识到合作的重要性,但这并不意味着达成治理合作是容易的、顺利的。因为各主体都会从自身利益出发,倾向于承担最小的责任,争取最大的收益。同时,他们还可能利用手中掌握的权力和资源,将自身利益上升为公共利益,将个体规则推广为普遍规则,从而为自身谋求更多的好处。

在缺乏明确等级隶属关系的治理结构中,若无有效的制度或规则加以约束,极易滋生"搭便车"的机会主义行为,治理行动也很容易陷入"公地悲剧"和"集体行动的困境"。此外,不同治理主体往往拥有不同的文化背景、价值观、道德观念和利益偏好,这些差异可能会在治理过程中引发矛盾和分歧,使就某一议题达成共识变得困难重重。具体而言,当面对某一治理议题时,各方都会基于自身的立场和诉求,提出不同的治理目标和方案。当这些目标和方案出现冲突与分歧时,各主体可能会坚持自己的观点和看法,拒绝折中和妥协。这种情况会使治理问题的解决陷入无休止的争论,难以形成兼顾各方利益的统一目标和行动方案,从而使整个治理过程陷入僵局。

三、政府角色定位的悖论

治理理论主张多元主体合作参与治理过程,共同应对治理问题。在此过程中,政府、社会组织、企业、公民等治理主体均拥有一定的治理权力,承担一定的治理责任。这意味着政府不再是治理权力的唯一中心,其他主体亦可以成为治理的权力中心。这体现了治理理论"去中心化"和"多中心化"的核心理念。正如詹姆斯·罗西瑙所言:"任何社会系统都应该也能够承担起那些政府没有能够管理起来的职能。"[1]然而,尽管治理理论强调多元主体的共同治理,但在实际治理过程中仍难以完全摆脱对政府主导作用的依赖。作为国家建构和治理体系中的核心主体,政府的角色定位对治理的成效发挥着关键作用。凭借强大的行政权威和政治合法性,政府不仅承担着维护社会稳定、提供公共服务的重要职责,还担负着化解自组织治理失灵和市场治理失灵的重任。所有这些都要求政府在治理体系中必须保持主导地位,以确保治理的有效性和稳定性。但这种

---

[1] ROSENAU J N, CZEMPIEL E. Governance without Government: Order and Change in World Politics [M]. Cambridge: Cambridge University Press, 1995: 3.

主导性也引发了治理理论内在的矛盾:一方面,治理理论倡导"去中心化""多中心化"甚至"没有政府的治理"[1]的理念,强调政府在治理体系中应作为一个重要的参与主体而非唯一中心,这在一定程度上削弱了政府的权威性和合法性;另一方面,为了避免自组织治理和市场治理可能出现的失灵问题,治理理论又强调必须重视政府的主导作用,提升其治理权威,强化政府对整个治理过程的宏观管理和调控。这种几乎自相矛盾的主张使政府在治理过程中陷入了极为尴尬的境地。

四、价值取向的两难选择

系统完备、逻辑缜密的治理理论似乎面对任何问题都能应付自如、高效处理,但在实际运用中却也时常陷入价值取向的两难选择。

(一)民主与效率的冲突

治理理论有着民主与效率的双重价值追求。从民主价值维度看,它倡导广泛的公民参与和多元主体间的平等合作,力求通过汇聚多方智慧与力量,增强治理决策的代表性与科学性,从而提升治理的合法性与社会认同度;就效率价值层面而言,它期望通过优化治理机制、简化决策流程等手段,提高对社会事务管理的效率,以快速回应社会需求和解决实际问题。然而,在实际操作中,民主与效率之间常常发生难以调和的矛盾。民主参与意味着需要倾听多方不同意见并进行充分的讨论与协商。这一过程往往需要耗费大量的时间和资源,延长决策的周期,进而影响治理效率。反之,如果过度追求效率,简化甚至省略民主参与环节,即使能快速作出治理决策,也会使决策缺乏广泛的民意基础,引发公众对决策合法性的质疑。例如,在应对突发性公共危机事件时,为了迅速和有效控制局

---

[1] 罗西瑙. 没有政府的治理[M]. 张胜军,刘小琳,等译. 南昌:江西人民出版社,2001:1.

势,往往需要集中决策、压缩公民参与的环节,这虽然在一定程度上能提升应急效率,但也可能因忽视部分公众的利益诉求而引发不满,损害治理的民主性。

(二)公平和差异的矛盾

治理理论坚持公平价值理念,主张保障所有治理主体在参与社会事务治理过程中均享有平等的地位与权利,致力于构建一个多元主体合作共治、公平正义的治理格局。然而,现实的复杂状况与治理的美好愿景之间往往存在无法弥合的张力,具体体现为:不同治理主体在资源、能力及地位等方面存在着明显差异,这些差异会导致各主体参与机会和影响力的不平等,阻碍治理公平价值的实现。具体而言,强势主体凭借丰富的经济资源、强大的组织能力和较高的社会地位,在治理过程中往往占据主导地位,能够有效地表达自身利益诉求,影响甚至决定治理决策。与之形成鲜明对比的是,弱势群体由于缺乏必要的资源、专业能力和话语权,很难充分表达自身的利益诉求。他们可能因信息获取渠道有限、参与能力不足等问题而被边缘化。这种治理过程中的不平等,不仅违背了治理理论所倡导的公平原则,也使治理决策无法全面反映社会各阶层的利益需求,从而削弱了治理的包容性和公平性。

五、实践应用的适用性难题

罗伯特·达尔曾指出:"从某一个国家的行政环境归纳出来的概论,不能够立即予以普遍化,或被应用到另一个不同环境的行政管理上去。一个理论是否适用于另一个不同的场合,必须先把这个特殊场合加以研究之后才可以判定。"[1]这段话深刻揭示了理论应用的边界与条件性。任何

---

[1] DAHL R A. The Science of Public Administration: Three Problem[J]. Public Administration Review,1947(7):1-11.

理论都有其产生和发生作用的社会历史背景和现实基础,治理理论也不例外。治理理论厚植于西方成熟的社会结构和制度条件之中——发达的市场经济、完备的科层体制及浓厚的契约文化,所有这些共同构成了治理理论产生并得以推广的重要条件。由此可见,在忽视一些国家尤其是发展中国家实际国情的情况下,大谈特谈治理理论在这些国家的移植和应用,是十分不妥的。治理理论所倡导的削弱国家或政府在治理过程中的主导作用,甚至提出"没有政府的治理"[1]的口号,与发展中国家的实际情况并不适配。当然,这并不意味着治理理论本身是坏的、无用武之地的,治理理论中的诸多有益观点还是能够给发展中国家带来重要的借鉴和启示。但为了避免治理理论在发展中国家出现"水土不服"问题,发展中国家必须将该理论与本国的历史传统、制度环境和发展阶段有机结合,探索出符合自身发展道路的治理模式,实现治理理论的本土化。

第三节 治理理论的实践应用

治理理论作为引领现代社会发展的重要理念,已被广泛应用于各个领域,为推动社会进步与制度创新提供了强大的理论支撑。鉴于治理理论实践应用的多样性与复杂性,本节选取两个具有代表性的实践案例进行介绍与分析,以具体地呈现治理理论的现实应用成效。

一、英国老年人保健治理网络

英国作为人口老龄化问题最严重的发达国家之一,其人口结构转型已对公共医疗体系形成系统性冲击。英国国家统计局(ONS)数据显示,

---

[1] 罗西瑙. 没有政府的治理[M]. 张胜军,刘小琳,等译. 南昌:江西人民出版社,2001:1.

早在2008年英国的老年人口规模便已超过了15岁以下的未成年群体;至2013年,65岁以上老龄人口占比已达17.4%。❶这一结构性转变直接导致老年病患群体不断扩大,尤其以阿尔茨海默病等慢性退行性疾病患者数量的激增最为突出。此类疾病通常伴随着高护理依赖性与长期医疗资源占用,引发了英国医疗系统"床位板结化"问题,严重影响了医疗资源的流动性与周转效率。为应对这一问题,英国政府基于网络化治理理论,积极推动多元主体协同参与老年人医疗保健服务的重构,构建起了覆盖全国的区域性老年人保健治理网络和大都市老年人保健治理网络。

(一)构建区域性老年人保健治理网络

英国在构建区域性老年人保健治理网络方面,主要采取了五大核心策略:

1. 整合初级医疗服务资源,推动城乡医疗服务均等化

具体表现为:(1)服务标准统一化。建立统一的城乡初级医疗服务标准,消除因地域差异带来的服务质量差距。(2)资源配置动态化。建立区域医疗需求评估机制,根据城乡人口结构与疾病谱变化,动态调整医疗资源分配比例。(3)信息化平台互联化。搭建区域性医疗信息共享平台,实现城乡居民健康档案的互联互通与实时更新。

2. 构建"政府引导—市场补充—社会协同"的开放式服务网络

具体表现为:(1)主体多元整合。吸纳社会医疗机构、私人疗养院、慈善组织及社区志愿团体等非公共部门,打造"公立—民营—社会"三位一体的服务供给格局。(2)治理分级协同。在地方卫生部门、区域城市委员会及全国老年人服务框架(NSF)的协调下,建立"战略规划—政策执行—质量监管"的三级治理体系。(3)合作机制契约化。通过服务购买协议、

---

❶ 英国人口数量增至6460万[EB/OL].(2015-06-27)[2025-06-17]. http://www.renkou.org.cn/countries/yinguo/2015/3773.html.

公益创投等方式,明确多元主体的权责边界与绩效目标,提升服务供给的持续性和透明性。

3. 设立专门健康保健部门,下设四个次级机构,打造"预防—治疗—康复—长期照护"的全周期服务机制

该部门下设四个次级机构,各司其职:(1)区域城市初级护理信托机构,负责基层医疗服务的管理、健康档案维护及慢性病随访工作。(2)区域国民医疗服务体系中的医疗信托机构,承担专科医疗服务、急危重症救治及医疗技术创新任务。(3)区域社区健康服务机构,聚焦社区健康促进、家庭医生签约及居家护理等支持服务。(4)区域脑力健康与学习障碍信托机构,提供精神卫生干预、认知障碍筛查及康复训练支持。

4. 构建战略决策与利益相关方协同治理的双轨制机制

具体表现为:(1)多代理伙伴关系(MAP)管理委员会。作为战略决策核心,由政府部门、社会服务机构、学术专家及社区领袖共同组成,通过"战略规划—绩效评估—动态调整"的闭环管理,确保治理目标与执行成效的匹配性。(2)老年人代表团体(OPG)。作为需求反馈枢纽,汇聚老年居民、志愿组织、文化团体等多方力量,通过需求调研、政策听证及满意度评价等方式,保证服务更加贴近老年人实际需求,提升服务的公平性与可及性。

5. 建立以"过渡性照护"为核心的中期康复护理体系

具体表现为:(1)服务内容。为急性期后老年患者提供3~6周的个性化康复服务,涵盖物理治疗、心理干预、营养支持与社会融入指导等方面。(2)服务模式。推行"医院—社区—家庭"三级联动照护机制,由专科医生、社区护士和康复治疗师组成多学科团队共同实施。(3)效果评估。引入功能独立性量表(FIM)、再入院率等量化指标,动态监测康复进展并据此优化服务方案。❶

---

❶ FERLIE E. Making Wicked Problems Governable?: the case of managed networks in health care [M]. Oxford: Oxford University Press, 2013: 123-133.

(二)构建大都市老年人保健治理网络

与区域性老年人保健治理网络相比,英国大都市老年人保健治理网络更加关注生命终期护理(End-of-Life Care),为此,其采取了四大核心策略:

1. 设立英国国家卫生与临床优化研究所(NICE)作为质量监管机构,保证服务的标准化与同质性

该研究所的主要职责为:(1)制定循证指南。基于最新临床证据与患者实际需求,发布终末期护理质量标准、服务流程规范及伦理决策框架。(2)建立动态评估机制。通过定期审查、数据监测与问责机制,确保各地的服务供给持续符合标准并适应变化。(3)推动跨域协同应用。推动NICE指南在医疗信托机构、社区护理院及全科医生(GP)实践中的标准化应用,缩小区域服务差异。

2. 构建以"专业分工—协同供给"为原则的多元服务网络

其中网络中的主要成员及其职责为:(1)医疗信托机构(PCTs)。负责终末期护理的战略规划、资源调配及质量监督。(2)全科医生(GPs)。作为首诊责任人,制定个性化姑息治疗方案、提供症状管理及家庭支持服务。(3)大护理院(Big Home)与新型护理院(New Home)。依托专业护理团队与适老化设施,提供24小时综合性姑息照护、症状缓解及心理社会支持。

3. 明确服务优化与患者权益保障的四大核心目标,推动服务的人性化和专业化

四大核心目标为:(1)能力建设目标。面向护理院员工和全科医生开展系统性培训,包括姑息治疗技能、伦理沟通、临终决策等内容,并通过认证考核确保专业素养达标。(2)医疗决策优化目标。设立多学科终末期医疗决策委员会(MDT),通过"患者—家属—医护"三方协商机制,减

少非必要干预,推广"尊严疗法"(Dignity Therapy)等人本照护模式。(3)质量评估目标。建立姑息疗法登记数据库,动态追踪疼痛控制、症状缓解与患者满意度等核心指标,并通过机器学习算法识别服务优化路径。(4)权益保障目标。制定《终末期患者遗嘱工作实务指南》,明确生前预嘱(Advance Care Planning)的法律效力,强化患者自主权和遗愿的实行机制。

4. 推行全员参与的文化教育培训机制,构建专业、协同、持续的服务体系

具体表现为:(1)分层培训体系。针对医生、护士等核心岗位开展高级姑息治疗培训,针对护理员、后勤人员等基础岗位开展基础沟通技能与伦理规范培训。(2)情景化模拟教学。借助虚拟现实(VR)技术模拟临终场景,强化服务员工对复杂情绪和突发情况的应对能力。(3)家属协同教育。设立临终关怀家属工作坊,培训症状识别、心理支持及哀伤辅导技巧,构建"家庭—机构"一体化照护模式。[1]

英国通过整合公共部门、私营部门与自愿部门等多元主体,充分运用民主协商、市场外包、志愿服务等多种治理方式,构建起一个跨组织、跨部门、跨机构的合作式老年人保健治理网络。该网络治理模式在实践中取得了显著成效:一方面,通过整合多元主体的资源禀赋和专业能力,有效解决了英国老年群体在医疗照护与长期护理服务中的衔接断层问题,推动了英国整体医疗服务质量的结构性提升;另一方面,其成功经验充分证明了非公共部门在老年人保健治理中的关键作用。数据显示,截至2010年,英国疗养院体系已呈现明显的市场化与非营利化特征——在18255家疗养机构中,私人疗养院占比达73.5%(13418家),非营利疗养院占比为19.3%(3517家),两者合计超过九成,构成居家疗养与长期护理服

---

[1] FERLIE E. Making Wicked Problems Governable?: the case of managed networks in health care [M]. Oxford: Oxford University Press, 2013: 133-139.

务的核心供给力量。❶

总体而言,英国在老年人保健治理网络方面的创新实践揭示了治理社会问题的一种新趋势:面对现代社会日益复杂的治理需求,亟须突破传统科层制的刚性框架,转向以问题解决为导向的弹性治理网络。这种网络化治理模式在政府引导下推动多元主体合作,既能发挥市场机制在资源配置中的效率优势,又能借助社会组织的社会资本动员能力,同时还能保留公共部门的兜底保障功能,进而实现"优势互补—资源整合—效能倍增"的协同治理效应。毋庸置疑,这一模式为应对全球老龄化挑战提供了可资借鉴的实践范式。

二、新加坡"智慧国"建设

新加坡在数字治理和数字政府建设领域始终处于世界领先地位。《2020年联合国电子政务调查报告》显示,新加坡电子政务发展指数位列全球第十一、亚洲第二(仅次于韩国),多项核心指标均名列前茅。❷早在2006年,新加坡便启动"智慧国2015"城市发展规划,旨在借助信息技术提升城市在关键领域的竞争力。2014年,在"智慧国2015"的基础上,新加坡进一步推出了"智慧国2025"计划,该计划以"大数据治国"为核心理念,试图利用大数据、云计算、物联网、人工智能等尖端数字化技术,构建一个覆盖全国的数据收集、连接、分析与共享的智能化系统。通过对海量数据的处理与分析,政府能够更精准地预测公众需求,显著提升公共服务的响应效率和供给质量,从而为市民打造更加便捷、智能的生活体验。

---

❶ FERLIE E. Making Wicked Problems Governable?: the case of managed networks in health care [M]. Oxford: Oxford University Press, 2013: 120.

❷ 联合国经济和社会事务部. 2020年联合国电子政务调查报告[M]. 中央党校(国家行政学院)电子政务研究中心, 译. 北京: 中央党校出版社, 2021: 10.

新加坡的"智慧国"(Smart Nation)建设是治理理论,尤其是数字治理理论实践应用的成功典范。其在智慧国家建设方面的成果主要体现在以下几个方面。

(一)建立数字化政府

数字化政府建设是新加坡"智慧国"计划的核心组成部分。新加坡以数字技术为依托、以公民需求为导向,推动政策制定、行政运营和技术应用的深度融合,致力于打造一个高度智能、运行顺畅、无缝衔接的数字化政府。

为实现这一愿景,新加坡政府相继出台了《数字经济行动框架》《数字政府蓝图》《数码能力蓝图》等纲领性政策文件,构建起覆盖数字能力建设、经济转型与政务升级的多维政策体系。同时,新加坡政府还建立了关键绩效指标体系(KPI),用以量化评估和动态监测各部门数字化进程。此外,新加坡还高度重视政务服务一体化建设。自2003年以来,新加坡政府陆续推出了Sing Pass、One Inbox、One Service和My Info等一系列数字服务工具,形成了"统一认证、统一入口、一站式服务"的政务服务模式,极大提升了政务服务的便捷性和用户体验。例如,通过Sing Pass服务,用户只需完成一次全国数字身份认证,便可无缝访问60多个政府机构的在线服务;通过One Inbox服务,用户则可以通过统一的数字邮箱,集中接收来自各部门发送的官方通知,减少了跨部门信息来回切换的麻烦。❶

(二)深化政府与社会、公民的合作

新加坡"智慧国"计划旨在通过数字技术加强政府与社会、公民的合作,融合各方资源,发挥多方优势,形成强大的数字治理合力,从而实现

---

❶ 胡税根,杨竞楠.新加坡数字政府建设的实践与经验借鉴[J].治理研究,2019(6):53-59.

公共价值的最大化。

为持续深化政府与社会、公民的合作,新加坡政府主要采取了以下具体措施:第一,积极开放数据资源,赋能社会和公众参与治理。新加坡国家环境局不仅向其他机构开放环境和空间数据库,还允许公民通过官方网站访问数据库和地图资源。该局还与公共事业委员会紧密合作,共同分析环境数据,并通过手机App的形式将这些数据分享给公众。第二,重视与互联网企业的合作,通过公私合营(PPP)等模式推动共同发展。新加坡资讯通信发展管理局、智慧国家咨询与行政办公室同微软等知名互联网企业建立合作关系,联合设立研发中心,深入研究并推行创新的数字服务策略,以弥补政府部门在数字技术方面的不足。第三,注重激发公民的创造力。新加坡政府鼓励公民从消费者转变为积极的共同创造者。例如,政府鼓励社区公民利用data.gov.sg上开放的数据和API(Application Programming Interface)等数字工具,围绕共同的愿景和目标,塑造具有地方特色的社区。

(三)推进"虚拟新加坡"建设

2015年,新加坡推出了"虚拟新加坡"(Virtual Singapore)信息模型,这是全球首个国家级数字孪生平台。该模型精准映射和全程贯穿新加坡的真实物理世界,包括连接、数据、模型、交互、应用五大核心要素,具备动态、精确、实时、双向交互等特点,具有监控、分析、诊断、预测、决策、控制等多重功能。❶

为了推进"虚拟新加坡"建设,新加坡政府主要采取了以下措施:一是建立数据采集与更新机制。借助物联网(IoT)设备、传感器网络、卫星遥

---

❶ 周振华,洪民荣. 全球城市案例研究2022:城市数字化国际经验借鉴[M]. 上海:格致出版社2022:62-63.

感等技术,持续采集城市运行数据,并建立数据更新流程,确保虚拟模型中的信息与现实世界同步。二是构建平台和技术架构。整合政府、企业和公众的数据源,建立统一的数据平台,涵盖地理信息、人口统计、交通流量、环境监测等多个领域,确保虚拟模型能实时反映城市动态变化。同时,运用高精度三维建模技术,构建覆盖全岛的虚拟城市模型,不仅包括建筑物的外观,还包括地下设施、交通网络、公共设施等详细信息,形成逼真的城市数字孪生体。三是注重应用场景开发。在城市规划方面,利用虚拟模型模拟不同规划方案的影响,评估其对交通、环境、能源等方面的潜在影响;在应急管理方面,根据虚拟模型提供的实时数据,帮助应急部门快速响应自然灾害和突发事件;在公共服务方面,通过分析虚拟模型中的数据,优化公共服务设施的布局和资源配置。

(四)保障数据安全与数字平等

数据安全和数字平等是数字治理的核心关切。新加坡的"智慧国"计划特别重视保护个人隐私和信息安全。人们在日常的信息交换、手续办理和电子支付等环节中,会留下大量的个人数据,如果对这些数据缺乏有效保护,很有可能导致个人隐私和信息的泄露。为此,新加坡政府通过出台《个人信息保护法》《个人资料保护法令》等法律法规保障公民的个人隐私和信息安全。此外,新加坡的"智慧国"计划还强调要跨越数字鸿沟,推动数字平等,实现数字治理的普惠性。尽管新加坡的互联网和移动终端普及率极高,但受年龄、收入、语言和认知能力等因素的影响,数字鸿沟问题依然存在。为应对这一问题,新加坡自2005年起就设立了遍布全岛的公民联络中心(CCC),为公民提供免费上网服务和专业指导。值得一提的是,这些联络中心为老年人、残疾人和低收入者等弱势群体提供了专门的数字服务支持。2017年,新加坡进一步提出了公民联络中心

(CCC+)的升级方案,旨在通过系统的培训和教育,使弱势群体能够自主在政务网站上获取服务,从而真正享受到数字时代带来的便利与红利。正如学者马亮所言:"数字治理所瞄准的用户应是那些被隔绝在互联网之外的群体,确保他们也能享受到数字治理所带来的福祉,这是政府不可推卸的责任。"[1]

---

[1] 转引自:马亮. 新加坡推进"互联网+政务服务"的经验与启示[J]. 电子政务,2017(11):48-54.

第五章 治理理论的理论意义与现实启示

理论只有在实践的不断检验中,才能实现自身的创新与发展。而实践只有接受理论的指导,才能沿着正确的方向前进,提升实践的效果和质量。作为学界的重点和焦点研究领域,治理理论的重要性既体现为自身层面的理论意义,也体现为现实层面的重要启示。

第一节 治理理论的理论意义

尽管治理理论存在固有的缺陷和弊端,但作为一种解决复杂问题的新型治理范式,其仍具有重要的理论意义。

一、推动多学科交叉融合发展

治理理论在推动多学科交叉融合发展方面有着三方面的重要体现。第一,理论框架构建。治理理论是一个跨学科的研究领域,涉及政治学、社会学、经济学、法学、管理学、信息学、国际关系学等多个学科。正是这些学科理论成果的相互交织、相互补充、相互融合才构建起了治理理论的整体框架。例如,政治学通过研究权力结构、决策过程、体系变革等为治理过程中的政府角色认定、政策执行效果及权力相互制衡提供了重要理论支撑;法学通过法律的制定落实,强化了治理过程的规范性,提升了治理行为的合法性和公正性。第二,方法论创新。治理理论强调解决问题的系统性和综合性,主张综合运用不同学科的研究方法,制定更加全面有效的治理方案。例如,在解决全球性问题时,治理理论要求既要参考国际关系学的建构主义研究方法,又要运用经济学的博弈论分析方法以及社会学的社会网络研究方法。第三,实践应用。治理理论的跨学科性质使其在实践中必然也要综合运用多个学科的理论知识。目前处于研究热潮中的数字治理便是一个最好的例证。数字治理涉及信息学的数字处理和人工智能、社会学的公共参与和风险控制、管理学的组织管理和绩效评估等多个学科的理论知识。通过多个学科知识的融会贯通,能催生出更加符合现实需求的治理方式和方法,进而推动治理实践朝着更加正确、科学、有效的方向发展。

治理理论推动多学科交叉融合发展有着两方面的重要意义。第一,有助于打破学科间的壁垒,促进知识创新。康奈尔大学东南亚研究中心在创立之初就曾明确指出:应当融合不同学科的专业知识、理论和方法,专注于特定区域的人和文化的研究,进而创造出"意想不到"的研究成果。❶在日常的理论研究和实践探讨过程中,不同学科之间的界限往往会局限我们的思维。然而,当打破学科之间的壁垒,让不同学科的知识、理论和方法相互碰撞和交流时,常常会迸发出新的思维火花,从而促进知识的创新和发展。第二,有助于提升治理的有效性。面对环境污染、公共卫生危机、贫困治理等复杂社会问题,仅靠单一学科的理论知识已难以应对。只有将多学科的知识、理论和方法相结合,才能形成更加科学有效的治理方案,实现对这些问题的有效治理。例如,在面对环境污染问题时,有效的治理既要从社会学的角度分析产生环境污染问题的深层原因,又要从管理学的角度去探讨如何实现更有效的环境治理。

---

❶ 高子牛.作为跨学科组织的研究中心:以康奈尔大学东南亚研究中心为例(1950—1975)[J].北京大学教育评论,2018,16(2):116-133,190.

二、促进公共管理理论的改革与创新

治理理论对公共管理理论的改革与创新产生了重要影响,主要体现在主体结构、组织形态、权力运作及价值取向等方面。

第一,治理理论打破了传统公共管理政府"一家独大"的固有模式,主张多元主体的参与合作,实现了公共管理主体结构的多样化。传统公共管理视政府为政策制定和执行的主导者,而治理理论倡导建立由政府、企业、社会组织、公民个人等多元力量共同参与的治理网络。❶这一转变不仅极大提升了公共管理的效率,也使公共管理更加符合现实发展的需要。多元主体参与到公共管理中,既有利于整合各方的资源和力量,形成强大的合力,也有利于通过沟通、协商、谈判等方式达成共识与合作,增强政策的合法性。同时,这一转变也有助于提升公民的政治认同感与责任意识,实现公共管理由"为民管理"向"由民管理"的重大转变。

第二,治理理论促进了公共管理组织结构的网络化和扁平化。传统的公共管理理论主张构建层级分明、强制命令的管理体系,而治理理论则主张构建网络化、扁平化的管理结构。❷这一结构倡导主体之间进行横向的沟通、交流、共享,改变以往自上而下的行政命令式管理。面对复杂多变的社会问题,网络化和扁平化的管理结构具有更强的弹性和应变力,能够优化管理流程、降低管理成本、确保政策落实,从而提升公共管理的整体效能。

第三,治理理论实现了对传统公共管理权力运行方式的重构。传统公共管理主张通过等级制和行政命令实现对公共事务的垄断管理,而治理理论则倡导权力的分散和制衡,主张通过协商、谈判、合作解决公共问题。这种权力运行方式的变化,使公共管理由单向控制转向多向互动,实现了公共管理由"统治"向"治理"的转变。同时,这种变化能够防止权力

---

❶ 孙健.网络化治理:公共事务管理的新模式[J].学术界,2012(2):55-60.
❷ 孙健,张智瀛.网络化治理:研究视角及进路[J].中国行政管理,2014(8):72-75.

寻租和腐败等行为,增强公共管理的公平性和有效性,提升公众对政府工作的信任。

第四,治理理论推动了公共管理由单一价值向多元价值的转变。新公共管理主张市场逻辑下的效率优先原则,常常会忽视社会公正和公共利益。❶而治理理论则强调公共管理应致力于创造社会福祉,在保持效率的同时,要兼顾民主、公平、正义等多重价值,尤其要重点照顾和保护弱势群体的权益。通过将民主、公平、正义等价值纳入管理过程,能够提升公共管理的道德维度与社会责任,使公共政策更具正当性和合法性,从而增强公众对公共管理的认同感。

三、丰富了政治学的研究内容

治理理论与政治学有着紧密的联系。治理理论是政治学的一个重要分支,它拓宽了政治学研究的视野和思路,进一步丰富了政治学的研究内容。具体表现在以下几个方面。

首先,治理理论使政治学研究更加贴近现实政治问题。治理理论通过探讨政治制度的设计和运行、国家法律的制定和执行、政治行为的动因和影响、政治决策的形成和实施等重要问题,使政治学与现实政治生活紧密相连。治理理论这种贴近现实的研究取向增强了政治学研究的现实意义和应用价值,为政治实践的开展提供了强有力的理论支撑。

其次,治理理论使政治学将权力问题摆在了研究的核心位置。治理理论深刻剖析了不同政治主体之间的权力分配、权力运作、权力制衡问题,试图建立一套科学、正确的治理机制来实现治理权力的合理分配和高效运行。这一研究有助于揭示复杂政治现象背后的权力运行逻辑和规律,也有助于深化对政治权力本质的认识。同时,这一研究提供了一种新的思考框架,可以促使我们重新审视和评估现有的政治制度和权力结构,

---

❶ 杨波.新公共管理理论的反思与批判[J].武汉交通职业学院学报,2017,19(3):14-18,83.

从而推动政治学研究的创新和发展。

再次,如前文所述,治理理论的兴起促进了政治学与其他学科的交叉融合,为政治学的发展注入了活力。治理理论整合了社会学、经济学、法学、管理学、信息学、国际关系学等多个学科的理论知识和研究方法,构建了一个跨学科、跨领域的研究体系。治理理论的这种跨学科研究不仅拓宽了政治学的研究视野,使其能够更加全面地解释政治现象或问题,同时也为政治学提供了更加丰富多样的研究方法,使其理论创新和实践创新的可能性大大增加。

最后,治理理论使政治学研究更加关注公共利益最大化的价值实现。政治活动的核心目标应当是促进公共利益的实现,而非满足单一利益主体的诉求。[1]治理理论主张构建科学有效的治理机制,以平衡不同利益主体之间的矛盾和冲突,保证治理决策能够真正反映和实现广大公众的共同利益。治理理论对公共利益的价值强调,使政治学研究更加重视社会责任和政治伦理,促使政治学学者在追求学术创新的同时,也不忘其自身的初心使命。

四、提供一种新的国际关系理论框架

传统的国际关系理论主要关注国家与国家的权力、利益和安全等问题,而治理理论则主要关注跨国界的协调合作与共同治理。[2]治理理论赋予了国际关系新的内涵,它不再局限于国家间的竞争与冲突,而是一个多元主体就某一问题共同参与的互动过程。[3]通俗地讲,是指国家、国际组织、非政府组织等多元主体通过沟通、协商建立合作伙伴关系,共同应对

---

[1] 俞可平.治理与善治[M].北京:社会科学文献出版社,2000:8-9.

[2] 徐步华.全球治理理论与传统国际关系理论范式的比较分析[J].马克思主义与现实,2016(4):191-196.

[3] 景璟.全球治理理论的批判及其重塑[D].长春:吉林大学,2022:39.

复杂的全球性问题或挑战,推动国际关系向着更加和谐健康的方向发展。

治理理论强调跨国界的沟通合作,主张通过构建高效的治理机制,推动国家间的互利合作,从而解决全球性的治理难题。这种合作并非局限于传统的政治和安全领域,而是包括经济、社会、文化、生态等多个领域。具体而言,在经济领域,跨国合作有助于加速资本流动,促进国际贸易和投资自由化;在社会领域,跨国合作有助于推动教育、卫生等公共服务在全球范围内的普及和提升;在文化领域,跨国合作有助于增进国家间的相互交流和了解,促进文化多样性的发展;在生态领域,跨国合作有助于国家间采取统一的行动和策略,共同应对气候变暖、大气污染等全球性环境问题。治理理论所倡导的这种建立在协调基础上的全方位合作,对于构建和平稳定发展的国际环境具有重要意义。

治理理论尤为重视全球治理的合法性和有效性问题。治理理论认为,全球治理并非简单的权力运作,而是建立在广泛参与和共识基础之上的一种复杂体系。❶治理方案只有充分考虑和反映各个主体的利益和诉求,才能获得广泛的认可和支持。因此,治理理论提出,为保证全球治理的合法性,必须加强多边沟通与对话,推动信息的交流共享,增强治理各方的相互理解。此外,治理理论还关注全球治理机制的实际治理效果,强调要通过实践来检验和完善全球治理机制。它鼓励全球各个国家、国际组织、非政府组织等主体,积极探索新的治理方式或手段,通过广泛的治理实践来推动全球治理机制的不断发展和完善。

第二节 治理理论的现实启示

治理理论是指导现代社会发展的重要思想,对治理实践有着重要的

---

❶ 于潇,孙悦.全球共同治理理论与中国实践[J].吉林大学社会科学学报,2018,58(6):71-82.

启示,有助于现实治理工作少走弯路,提升其整体成效。

一、坚持多元主体参与,打造协同高效的治理共同体

多元参与是治理理论最为显著的特征。[1]在快速演进和日益复杂的社会背景下,政府已不再适合承担大事小事"一肩挑"的角色,寻求与企业、社会组织、公民个人等主体的合作已成为目前社会发展的必然趋势。这种多元参与模式不仅是治理理念和治理机制的重大创新,也是整合多样化治理方式和手段以提高治理效率的必然要求。通过多元主体共同参与,各主体能够发挥自身领域的优势,形成强大的治理合力,从而有效解决治理难题。德国社会学家斐迪南·滕尼斯(Ferdinand Tönnies)在其著作《共同体与社会:纯粹社会学的基本概念》中指出,共同体是一种原始的或者天然的状态,其理论出发点是人的意志的完整统一体,并把人作为一个整体的成员团结在一起的特殊社会力量。[2]共同体是人、社会和治理实现高度统一的表现形式。在治理共同体中,各主体之间是相互学习、相互借鉴、信息互通、资源共享和利益联结的紧密合作关系。在这一关系下,各主体通过共同应对治理挑战,解决治理难题,实现人与社会的和谐发展。正如马克思所言:只有"在真正的共同体条件下,各个人在自己的联合中并通过这种联合获得自己的自由"[3],并形成"这样一个联合体,在那里,每个人的自由发展是一切人的自由发展的条件"[4]。在此,马克思指出了自由人联合体是治理的最终形态。只有在自由人联合体下,人才能实现自由而全面发展,社会也才能实现解放。

---

[1] 参见:王刚,宋锴业.治理理论的本质及其实现逻辑[J].求实,2017(3):50-65.

[2] 滕尼斯.共同体与社会:纯粹社会学的基本概念[M].林荣远,译.北京:北京大学出版社,2010:48.

[3] 马克思恩格斯选集:第1卷[M]北京:人民出版社,2012:199.

[4] 马克思恩格斯选集:第1卷[M]北京:人民出版社,2012:422.

坚持多元主体参与,打造协同高效的治理共同体,应做好以下几个方面的工作。第一,建立完善的法治体系。完善的法治体系是治理活动得以开展的基础。通过法治手段,可以明确界定各参与主体的权利和责任,使其依法行使权利、履行义务,从而保证治理的有序性和高效性。同时,完善的法治体系还可以为各主体之间的沟通协作提供重要依据,使各主体之间形成稳定可靠的合作关系。第二,建立跨部门、跨领域的协调机制。建立跨部门、跨领域的协调机制能够促进信息和资源的交流共享,使治理主体能够及时获取治理资源和关键信息,实现资源的优化配置,并为治理的科学决策提供有力支持。第三,吸引更多治理主体投身治理实践。政府应鼓励企业主动承担社会责任,出台一系列优惠政策,并提供资金支持,让企业在贡献社会的同时也能得到切实的回报;政府应加强与社会组织的合作,共同策划和实施各种治理项目,利用社会组织的灵活性和基层优势,提高治理的整体效能;政府应引导公民参与治理活动,让公民在亲身参与中感受治理的重要性,增强公民的责任意识和参与热情。第四,坚持公平正义的治理导向。治理要保证每个治理主体都享有平等的权利和机会,并承担相应的责任与义务。同时,要构建起包容性治理发展机制,让治理成果和红利更具普惠性,使每个治理主体都能找到自身的角色和定位,为治理贡献自己的一份力量。

二、促进政府职能转变,构建有限、责任、法治、服务型政府

社会发展日新月异,社会形势瞬息万变,传统的政府管理模式已无法有效应对复杂多样的治理问题。面对这一情况,政府需要进行适当的职能转变,构建有限、责任、法治和服务型的政府新形态,以回应新的治理诉求,提升自身的治理能力。

"有限政府"理念要求政府必须明确自身职责,避免过度干预市场和

社会生活。❶政府应主要负责公共服务供给、社会秩序维护、公民权益保障等核心任务,将非核心事务交由市场和社会组织来承担。这种分工既有助于减轻政府的行政负担,提升其运转效率,还能激发市场和社会组织的活力,促进资源的优化配置。通过政府、市场和社会组织之间的良性互动,推动和保障社会的快速稳定发展。值得一提的是,构建有限政府不是对政府社会服务职能的弱化,而是对其进行的精简提升。通过使政府将"行政精力"集中在其最该干的事上,实现其治理能力和治理水平的真正提升。

责任政府是现代治理体系的重要组成部分。它要求政府在治理中应承担一定的责任,不仅要对公民的需求负责,更要对社会的长远发展负责。为实现这一目标,政府需构建一套完备的问责机制,确保每项治理决策都经过严格的科学论证和广泛的民主讨论,真正体现民意民情,符合社会进步的方向。同时,政府还应强化自我监督,通过制定严格的规章制度和接受社会公众的监督,规范权力运行,防止发生权力滥用、行政腐败等现象。

法治政府是实现社会公平正义的坚固基石,是维护社会稳定的重要支柱。❷政府在治理过程中要严格依法行使权力和履行职责,确保每一项行政行为都符合法律的规定。这要求政府在制定和执行治理政策过程中严格遵循法律程序,并在处理社会事务时秉持法律的公平正义立场。同时,政府还应加强对法律执行情况的检查和监督,保证法律真正落到实处,维护法律的权威。

服务型政府要求政府以公民为本位,根据公民需求提供服务。❸这意味着政府要改变以往以行政权威为主的管理型政府形象,转而以公民需

---

❶ 陈家喜,杨道田. 有限政府、有为政府与政府改革[J]. 理论视野,2016(1):18-21.

❷ 参见:李小立. 法治政府建设及其推进路径[J]. 哈尔滨学院学报,2021,42(10):35-38.

❸ 韩兆柱,翟文康. 服务型政府、公共服务型政府、新公共服务的比较研究[J]. 天津行政学院学报,2016,18(6):81-90.

求为导向,通过优化职能、精简办事环节、增强工作透明度、明确具体责任等方式提高工作的效率,切实回应公民关切,从而实现和维护社会公共利益。同时,服务型政府还主张建立完善的公共服务体系,提升公共服务的高质量、专业化和规范性,以满足公民多样化的服务需求。

三、加强社会组织发展,激发社会的治理活力

社会组织作为参与治理的重要力量,具有自身独特的优势。它在提供公共服务方面有着比政府更高的灵活性,有着比公民个体更强的专业性,有着比企业更注重公平的非营利导向性。因此,必须加强和引导社会组织发展,使更多、更广泛的社会组织参与到治理过程中来,充分激发社会的治理活力,促进社会治理水平的提升。

社会组织在激发社会的治理活力方面发挥着以下重要作用:(1)作为政府和公众之间沟通交流的桥梁和纽带。社会组织可以通过民意调查、组织公民参与决策过程等方式为政府提供及时的社情民意反馈。同时,社会组织可以扮演"讲解员"的角色,向公众详细介绍政府的治理政策,让公众全面了解政策意图,增强公众对治理政策的认同感。(2)承担政府智库的角色。社会组织往往汇聚了大量的专业人才,积累了丰富的实践经验,能够为政府提供更为专业的分析和建议,提高政府治理决策的科学性和合理性。(3)调节公共冲突。社会组织具有底层优势,能够敏锐地洞察基层民众的需求、情绪和态度,因此它们在预防可能引起冲突的"苗头"方面发挥着重要作用。[1]当公共冲突爆发时,社会组织也能迅速而有效地应对,利用其灵活性缓解紧张局势,避免冲突进一步恶化。(4)促进社会的公平正义。社会组织尤为重视弱势群体的权益保障问题,主张通过提供公益服务、倡导社会公正等方式,推动社会资源的合理分配和社会

---

[1] 赵伯艳.社会组织在公共冲突治理中的角色定位[J].理论探索,2013(1):97-101.

价值的正确引领。❶

　　为确保社会始终有持续高涨的治理活力,必须促进社会组织的发展。为此,要做好以下几个方面的工作:第一,政府应积极引导和扶持社会组织发展,为其发展创造有利条件。具体而言,政府可以出台一系列优惠政策,如提供税收优惠,以减轻社会组织的经济负担;给予财政补贴或资金支持,确保社会组织有稳定的运营基础;简化注册流程,降低社会组织的成立门槛,等等。同时,政府还可以创新与社会组织的合作方式,如通过购买服务的形式与社会组织建立长期稳定的合作关系,这不仅能够促进社会组织的专业化发展,还能够确保政府治理项目的有效实施,实现政府与社会组织的双赢。第二,加强社会组织的自身建设。社会组织应建立完善的内部管理制度以提升自身的治理和服务水平,具体包括:财务管理的规范化,确保资金使用的透明与合理;加强人才队伍建设,通过选拔和培养专业人才,提升组织整体的专业素养;定期开展业务培训,不断更新知识体系,提升服务能力,等等。同时,社会组织还应积极拓展资金来源渠道,如通过社会捐赠、会员费用、项目合作等多种方式筹集资金,以减少对政府资金的依赖,增强自身的独立性和可持续性。第三,加强社会组织之间的合作与交流。通过搭建合作平台,不同社会组织可以相互学习、共享资源,展示专业优势和实践经验,同时汲取他人智慧,实现优势互补和协同发展。这种合作模式可以提升社会组织整体的话语权和影响力,使其以更团结、有力的姿态参与解决社会问题,进而在治理过程中发挥更大的作用。

四、加强先进技术运用,创新治理方式和手段

　　科学技术是第一生产力。先进科技不仅前所未有地改变了社会的结

---

❶ 参见:郑向东,李梓佳.发挥社会组织维护社会公平正义的作用[J].2014(17):110-112.

构和运行机制，也深刻改变了人们的生产、生活和思维方式。毫不夸张地讲，人类社会的发展史便是一部由先进科技推动的变迁史。在当今的治理实践中，也理所当然地包含了先进科技的内容。换言之，先进科技已融入治理过程的各个环节和方面，并对治理方式和手段的创新产生了重要影响。

在现代化治理体系中，大数据、云计算、区块链、人工智能（AI）等先进技术发挥着越来越重要的作用。[1]它们如同一股强劲的驱动力，推动着治理工作的高效运行和不断进步。概括来讲，先进技术对治理方式和手段的创新主要体现在以下方面：首先，这些先进技术能够迅速处理海量的数据，为治理决策提供科学准确的依据，使其更加符合实际、贴近民生；其次，它们通过网络平台、社交媒体等渠道拓宽了公民参与治理的渠道，使政府与公众之间的沟通互动更加便捷，民众的意见和建议能够更快地反馈到政府决策中；再次，它们可以帮助提供智慧社区、在线诊疗等公共服务，促进服务模式优化，进而提升服务质量和用户体验；最后，它们可以通过人脸识别、天眼监控等方式，加强社会监管和治安管理，从而维护社会秩序和保障人民生命财产安全。

当然，先进技术在推动治理方式和手段创新过程中，仍然存在着一些问题，如技术应用不足，伦理障碍等。为此，需要注重技术创新与治理创新的深度融合。一方面，要积极探索新技术在治理领域的应用场景，将技术优势转化为治理优势；另一方面，要推动治理理念和方式的变革，以适应新技术带来的挑战和机遇。这种深度融合将有助于我们更好地利用先进技术推动治理体系和治理能力现代化建设。

具体而言，加强先进技术运用，创新治理方式和手段应注意做好以下几个方面的工作：一是加强基础设施建设，提升信息化水平。通过加强网络基础设施建设，推进数据资源整合共享等，为先进技术的应用提供有力

---

[1] 参见：马亮. 国家治理智能化转型及其进路[J]. 国家治理，2023(13)：18-23.

支撑。二是推动技术创新与产业升级。通过加强技术研发、培养创新型人才等方式,推动先进技术的不断发展和创新,为治理方式的创新提供源源不断的动力。三是加强信息安全保障。高度重视信息安全问题,加强信息安全管理,确保数据安全和隐私保护。四是学习先进经验。打开思路、集思广益、博采众长,积极借鉴先进经验,并结合自身实际情况进行探索和实践。五是注重先进技术的推广和普及。通过举办培训班、研讨会等活动加强先进技术的宣传教育,普及其基本知识,提高公众对其价值和作用的认识,并掌握其使用方法。

五、完善全球治理体系,应对全球性治理挑战

"全球问题的应对之道就是全球治理。"[1]在全球化浪潮的催动下,当今世界正在经历百年未有之大变局,各种全球性问题不断涌现。气候变化导致极端天气事件频发,海平面上升威胁着沿海国家和地区的安全;公共卫生危机,如各类疫情的爆发,暴露了全球公共卫生体系的脆弱性,给各国人民的生命健康和经济社会发展带来了巨大冲击;贸易保护主义抬头,贸易摩擦不断升级,阻碍了全球产业链和供应链的正常运行……这些全球性问题不是某一个国家能单独解决的,需要各国携手合作,共同应对,构建全球治理体系。

在二战之后建立起来的现有全球治理体系,虽然在一定程度上维护了世界和平与稳定,促进了全球经济的发展,但随着时代和国际形势的变化,其弊端也逐渐显现出来。例如,一些国际组织的决策机制不够民主,大国主导现象较为突出,难以体现大多数发展中国家的利益诉求;全球治理规则的制定和实施不合理,发达国家在规则制定中占据主导地位,而发展中国家往往处于被动接受的地位。这些问题都使得目前的全球治理体

---

[1] 江时学,李智婧.论全球治理的必要性、成效及前景[J].同济大学学报(社会科学版),2019(4):40-50.

系难以有效应对全球性的治理挑战。因此,完善全球治理体系是弥补现有全球治理体系缺陷、提升全球治理效能的必然选择和必然要求。

具体而言,完善全球治理体系,应对全球性治理挑战,应做好以下几个方面的工作:第一,坚持多边主义。多边主义是完善全球治理体系的核心原则。[1]各国应尊重联合国宪章的宗旨和原则,维护以联合国为核心的国际体系,充分发挥联合国在全球治理体系中的主导作用。同时,要加强世界贸易组织、国际货币基金组织、世界银行等国际组织的作用,推动这些组织进行改革,提高它们的代表性和有效性。此外,还应积极推动区域合作和多边合作机制的发展,如二十国集团(G20)、金砖国家合作机制等,通过这些平台强化各国之间的沟通与协调,共同应对全球性问题。第二,推动国际规则改革。时代发展突飞猛进,国际形势瞬息万变,现有的国际规则已不能完全适应全球治理的需要。因此,需要对国际规则进行改革和完善,使其更加公平、合理和有效。在规则制定过程中,应充分考虑发展中国家的利益和诉求,提高发展中国家在国际规则中的话语权。例如,在制定全球气候变化规则时,应明确各国的减排责任和义务,加大对发展中国家的资金和技术支持。第三,加强全球治理能力建设。全球治理能力是衡量全球治理体系是否健全和完善的重要指标。各国应加大对全球治理的投入,提高参与全球治理的能力和水平。一方面,要加强人才培养,培养一批具有国际视野、专业知识和跨文化交流能力的全球治理人才。另一方面,要加强科技创新,利用先进的科技手段提高全球治理的效率和效果。

---

[1] 吴志成,刘培东.促进多边主义与全球治理的中国视角[J].世界经济与政治,2020(9):23-44.

结语与展望

"治理"自一出现便有着宽泛和松散的概念和内涵,这一特点影响了治理理论的发展。时至今日,尽管治理理论已有了数以万计的研究成果,但其仍是一个颇有争议和令人迷惑的理论。学者们一方面认同治理理论对国家治理的重要作用,一方面又承认其概念的模糊和内部主张的矛盾,这使得人们一提到治理理论,便犹如进入了"学术迷雾"或"话语丛林"之中,难以自拔。但正如希克斯所言,学术界围绕"治理"所产生的争论,提高了该理论的分析力和解释力。[1]所有有关治理理论的争论与探讨都不可避免地促进了这一理论的发展。从一定意义上讲,治理理论是对现实治理实践的反映,就理论与实践相符合的角度而言,治理理论要正确反映治理实践乃至指导治理实践,这个过程必然是动态的、持续的、发展的。如卡帕诺等人所指出的:治理不仅仅是一个简单的时髦用语,它正处于发展之中,在未来必定会伴随我们相当长的时间。[2]

治理理论自身的局限并不能否认其存在的价值。它打破了传统的将市场与计划、公共部门与私营部门、政治国家与市民社会二元对立的治理思维;它将治理过程看作多方行动者之间的互动和合作,旨在探索出管理公共事务的全新模式;它认为政府不再是治理的唯一合法主体,社会组

---

[1] SIX P. Governance: If Governance is Everything, Maybe it's Nothing [M]//MASSEY A, JOHNSTON K. The International Handbook of Public Administration and Governance.Massachusetts: Edward Elgar Publishing Limited, 2015: 57.

[2] CAPANO G, HOWLETT M, RAMESH M. Varieties of Governance: Dynamics, Strategies, Capacities [M]. London: Palgrave Macmillan, 2015: 3-4.

织、企业、公民个人等同样也是治理的合法主体;它把治理过程看作当代民主制度实现的一种新的形式;等等。所有这些都对解决理论和现实治理问题具有重要启示。

针对治理理论在中国的适用性问题,虽然这一问题争议不断,但到目前为止已达成基本共识,即在充分考虑我国具体国情的情况下,可以对治理理论进行借鉴和应用。2014年2月17日,习近平总书记在中共中央党校的重要讲话中提出:实现国家治理体系和治理能力现代化就是要"推动中国特色社会主义制度更加成熟更加定型,为党和国家事业发展、为人民幸福安康、为社会和谐稳定、为国家的长治久安提供一整套更完备、更稳定、更管用的制度体系"❶。在这里,习近平总书记实际上已指出了治理理论以及实践的判断标准,即治理理论与实践要以能不能推动中国特色社会主义制度更加成熟更加定型,能不能促进党和国家事业发展、人民幸福安康、社会和谐稳定、国家长治久安为根本标准。

治理理论的未来将是一幅波澜壮阔的画卷,它描绘着在全球化、信息化和社会复杂化的背景下,人类社会如何通过多元主体的协同参与、科技的创新应用以及可持续发展的实践,构建更加科学、公正、高效的现代治理体系。在这样一个充满机遇和挑战的时代,我们期待着治理理论能够为我们提供更多的智慧和指引,助力我们开创一个更加美好的未来。

---

❶ 习近平. 习近平谈治国理政:第一卷[M]. 北京:外文出版社,2018:105.

参考文献

一、中文文献

[1]杰索普.治理与元治理:必要的反思性、必要的多样性和必要的反讽性[J].程浩,译.国外理论动态,2014(5):14-22.

[2]彼得斯.政府未来的治理模式[M].北京:中国人民大学出版社,2013.

[3]沃尔夫.市场或政府:权衡两种不完善的选择[M].北京:中国发展出版社,1994.

[4]陈剩勇,于兰兰.网络化治理:一种新的公共治理模式[J].政治学研究,2012(2):108-119.

[5]陈家喜,杨道田.有限政府、有为政府与政府改革[J].理论视野,2016(1):18-21.

[6]陈丽琴.公共利益:新公共服务与治理理论的联结点[J].湖北省社会主义学院学报,2004(6):66-68.

[7]陈亮.走向网络化治理:社会治理的发展进路及困境破解[D].长春:吉林大学,2016.

[8]陈振明.公共管理学:一种不同于传统行政学的研究途径[M].北京:中国人民大学出版社,2003.

[9]陈潭.第三方治理:理论范式与实践逻辑[J].政治学研究,2017(1):90-98,128.

[10]陈晓律.重读英国一些有关济贫的法律[J].英国研究,2016(00):58-61.

[11]冯奎,唐鹏,郭巍.数字治理:中国城市视角[M].北京:电子工业出版社,2021.

[12]滕尼斯.共同体与社会:纯粹社会学的基本概念[M].林荣远,译.北京:北京大学出版社,2010.

[13]斯托克.作为理论的治理:五个论点[J].华夏风,译.国际社会科学杂志(中文版),2019(3):19-30.

[14]关信平.西方"福利国家之父":贝弗里奇:兼论《贝弗里奇报告》的诞生和影响[J].社会学研究,1993(6):71-79.

[15]高子牛.作为跨学科组织的研究中心:以康奈尔大学东南亚研究中心为例(1950—1975)[J].北京大学教育评论,2018,16(2):116-133,190.

[16]高红.社区社会组织参与社会建设的模式创新与制度保障[J].社会科学,2011(6):76-83.

[17]高红.社区社会组织与城市基层合作治理[M].北京:人民出版社,2016.

[18]高江勇,周统建.学科公共性透视:大学学科交叉融合的困境及治理[J].中国高校科技,2024(4):92-99.

[19]郭丁.鲍勃·杰索普的元治理理论探析[J].山东社会科学,2022(1):83-89.

[20]韩兆柱.公共治理前沿理论及其应用研究[M].秦皇岛:燕山大学出版社,2021.

[21]韩兆柱,翟文康.服务型政府、公共服务型政府、新公共服务的比较研究[J].天津行政学院学报,2016,18(6):81-90.

[22]韩兆柱,张丹丹.整体性治理理论研究:历程、现状及其发展趋势[J].燕山大学学报(哲学社会科学版),2017,18(1):39-48.

[23]何植民,齐名山.网络化治理:公共管理现代发展的新趋势[J].甘肃理论学刊,2009(3):110-114.

[24]何子英.从凯恩斯主义福利民族国家理论到熊彼特竞争主义国家理论[J].马克思主义与现实,2006(6):20-27.

[25]弗雷德里克森.公共管理概论[M].于洪,译.上海:上海财经大学出版社,2008.

[26]江天雨.对西式治理理论的反思与超越:兼论中国式国家治理的理论逻辑[J].云南行政学院学报,2022(2):19-30.

[27]江时学.发展中国家的发展问题[M].北京:方志出版社,2008.

[28]江必新,王红霞.国家治理现代化与制度建构[M].北京:中国法制出版社,2016.

[29]经济合作与发展组织秘书处.危机中的福利国家[M].梁向阳,等译.北京:华夏出版社,1990.

[30]姜晓萍.国家治理现代化进程中的社会治理体制创新[J].中国行政管理,2014(2):24-28.

[31]景璟.全球治理理论的批判及其重塑[D].长春:吉林大学,2022.

[32]郝淑芹,杨玉强.市场失灵与政府失灵[J].济宁学院学报,2013,34(4):84-88.

[33]李韬,冯贺霞.数字治理的多维视角、科学内涵与基本要素[J].南京大学学报(哲学·人文科学·社会科学),2022(1):70-79,157-158.

[34]李洋.西方治理理论的缺陷与马克思治理思想的超越[J].哲学研究,2020(7):48-57.

[35]李杨.格里·斯托克互动式治理理论研究[D].长春:东北师范大学,2024.

[36]李松玉.制度权威研究:制度规范与社会秩序[M].北京:社会科学文献出版社,2005.

[37]刘波,李娜.网络化治理:面向中国地方政府的理论与实践[M].北京:清华大学出版社,2014.

[38]李泉.治理思想的中国表达:政策、结构与话语演变[M].北京:中央编译出版社,2014.

[39]柳亦博.合作治理:构想复杂性背景下的社会治理模式[M].北京:中国社会科学出版社,2018.

[40]萨拉蒙.政府工具:新治理指南[M].肖娜,等译.北京:北京大学出版社,2016.

[41]李平原,刘海潮.探析奥斯特罗姆的多中心治理理论:从政府、市场、社会多元共治的视角[J].甘肃理论学刊,2014(3):127-130.

[42]李水金.公共事物治理的困境及其克服[J].理论探讨,2004(4):84-86.

[43]林杭锋.合作治理:优势、失败风险及规避之道[J].理论导刊,2022(4):79-85.

[44]李澄.元治理理论综述[J].前沿,2013(11):124-127.

[45]李小立.法治政府建设及其推进路径[J].哈尔滨学院学报,2021,42(10):35-38.

[46]李泉.治理理论的谱系与转型中国[J].复旦学报(社会科学版),2012(6):130-137.

[47]李志强.网络化治理:意涵、回应性与公共价值建构[J].内蒙古大学学报(哲学社会科学版),2013,45(6):70-77.

[48]柳亦博.治理理论的"视差":术道分离与术道合一[J].探索与争鸣,2021(11):167-178,180.

[49]罗茨.新的治理[J].木易,译.马克思主义与现实,1999(5):42-48.

[50]中共中央马克思恩格斯列宁斯大林著作编译局.马克思恩格斯选集:第1卷[M].北京:人民出版社,2012.

[51]中共中央马克思恩格斯列宁斯大林著作编译局.马克思恩格斯选集:第2卷[M].北京:人民出版社,2012.

[52]卡斯特.网络社会的崛起[M].夏铸九,译.北京:社会科学文献出版社,2006.

[53]穆尔.创造公共价值:政府战略管理[M].北京:商务印书馆,2016.

[54]马园园.埃莉诺·奥斯特罗姆制度治理思想研究[D].徐州:中国矿业大学,2017.

[55]门洪华.多层治理理论与实践[M].上海:上海人民出版社,2019.

[56]斯莫茨.治理在国际关系中的正确运用[J].肖孝毛,译.国际社会科学(中文版),1999(1):81-89.

[57]全球治理委员会.我们的全球伙伴关系[M].牛津:牛津大学出版社,1995.

[58]皮埃尔,彼得斯.治理、政治与国家[M].上海:上海人民出版社,2019.

[59]罗兹.理解治理:政策网络、治理、反思与问责[M].丁煌,等译.北京:中国人民大学出版社,2020.

[60]戈德史密斯,埃格斯.网络化治理:公共部门的新形态[M].孙迎春,译.北京:北京大学出版社,2008.

[61]申华.西方治理理论的方法论转向及其实践难题[J].理论月刊,2017(7):177-182.

[62]申剑,白庆华.治理理论及其评价[J].广西大学学报(哲学社会科学版),2006,28(6):74-79.

[63]孙健.网络化治理:公共事务管理的新模式[J].学术界,2012(2):55-60.

[64]孙健,张智瀛.网络化治理:研究视角及进路[J].中国行政管理,2014(8):72-75.

[65]田凯,黄金.国外治理理论研究:进程与争鸣[J].政治学研究,2015(6).

[66]田星亮.论网络化治理的主体及其相互关系[J].学术界,2011(2):61-69,285.

[67]陶一桃.庇古与福利经济学的产生[J].特区经济,2000(8):51-52.

[68]唐亚林,王小芳.网络化治理范式建构论纲[J].行政论坛,2020(3):121-128.

[69]谭英俊.批判与反思:西方治理理论的内在缺陷与多维困境[J].天府新论,2008(4):85-89.

[70] 王绍光. 治理研究:正本清源[J]. 开放时代,2018(2):153-178.

[71] 翁士洪,顾丽梅. 治理理论:一种调适的新制度主义理论[J]. 南京社会科学,2013(7):49-56.

[72] 韦彬. 跨域公共危机整体性治理研究[M]. 北京:知识产权出版社,2019.

[73] 贝克. 风险社会[M]. 何博闻,译. 南京:译林出版社,2004.

[74] 王诗宗. 治理理论及其中国适用性[M]. 杭州:浙江大学出版社,2009.

[75] 王诗宗. 治理理论的内在矛盾及其出路[J]. 哲学研究,2008(2):83-89.

[76] 王文建,夏金华. 治理理论研究新探[M]. 北京:科学出版社,2018.

[77] 魏礼群. 中国社会治理通论[M]. 北京:北京师范大学出版社,2019.

[78] 王浦劬,臧雷振. 治理理论与实践:经典议题研究新解[M]. 北京:中央编译出版社,2017.

[79] 吴志成. 西方治理理论述评[J]. 教学与研究,2004(6):60-65.

[80] 吴晓林,李咏梅. 治理研究的中国图景及其"中国化"路径[J]. 湖南师范大学社会科学学报,2015,44(4):22-32.

[81] 王刚,宋锴业. 治理理论的本质及其实现逻辑[J]. 求实,2017(3):50-65.

[82] 习近平. 中共中央关于坚持和完善中国特色社会主义制度推进国家治理体系和治理能力现代化若干重大问题的决定[M]. 北京:人民出版社,2019.

[83] 习近平. 中共中央国务院关于构建更加完善的要素市场化配置体制机制的意见[M]. 北京:人民出版社,2020.

[84] 习近平. 高举中国特色社会主义伟大旗帜 为全面建设社会主义现代化国家而团结奋斗:在中国共产党第二十次全国代表大会上的报告[M]. 北京:人民出版社,2022.

[85] 习近平. 习近平谈治国理政:第一卷[M]. 北京:外文出版社,2018.

[86] 徐勇. 治理转型与竞争:合作主义[J]. 开放时代,2001(7):25-33.

[87] 徐晓林,刘勇. 数字治理对城市政府善治的影响研究[J]. 公共管理学报,2006(1):13-20,107-108.

[88] 徐步华. 全球治理理论与传统国际关系理论范式的比较分析[J]. 马克思主义与现实, 2016(4):191-196.

[89] 徐越倩. 治理的兴起与国家角色的转型[D]. 杭州:浙江大学, 2009.

[90] 解静. 福利国家模式变迁的历史比较研究[D]. 沈阳:辽宁大学, 2013.

[91] 谢静. 奥菲的福利国家危机理论研究[D]. 上海:复旦大学, 2012.

[92] 谢微. 整体性治理的核心思想与应用机制研究[D]. 长春:吉林大学, 2018.

[93] 熊节春, 陶学荣. 公共事务管理中政府"元治理"的内涵及其启示[J]. 2011:232-236.

[94] 杨睿智. 治理体系韧性:国家治理可持续的内在机理[J]. 探索, 2024(1):53-64.

[95] 颜佳华, 王张华. 数字治理、数据治理、智能治理与智慧治理概念及其关系辨析[J]. 湘潭大学学报(哲学社会科学版), 2019(5):25-30,88.

[96] 阳代杰, 钟劲松. 福利国家的因然改革:从极端到理性[J]. 重庆社会科学, 2016(10):40-46.

[97] 埃兰德. 伙伴制与城市治理[J]. 国际社会科学杂志, 2003(2):21-34.

[98] 叶璇. 整体性治理国内外研究综述[J]. 当代经济, 2012(6):110-112.

[99] 于潇, 孙悦. 全球共同治理理论与中国实践[J]. 吉林大学社会科学学报, 2018,58(6):71-82.

[100] 俞可平. 治理与善治[M]. 北京:社会科学文献出版社, 2000.

[101] 俞可平. 治理和善治:一种新的政治分析框架[J]. 南京社会科学, 2001(9):40-44.

[102] 俞可平. 全球治理引论[J]. 马克思主义与现实, 2002(1):20-32.

[103] 凯米莱里, 吉米·福尔克. 主权的终结?[M]. 李东燕, 译. 杭州:浙江人民出版社, 2001.

[104] 郑杭生. "理想类型"与本土特质:对社会治理的一种社会学分析[J]. 社会学评论, 2014,2(3):3-11.

[105] 郑杭生,邵占鹏.治理理论的适用性、本土化与国际化[J].社会学评论,2015,3(2):34-46.

[106] 臧豪杰.西方治理范式的诞生:背景、理论与制度[J].社会治理研究,2022(3).

[107] 竺乾威.从新公共管理到整体性治理[J].中国行政管理,2008(10):52-58.

[108] 赵景峰.经济全球化开端探究[J].中国石油大学学报(社会科学版),2004,20(5):22-25.

[109] 张玉磊.整体性治理理论概述:一种新的公共治理范式[J].中共杭州市委党校学报,2015(5):54-60.

[110] 张贤明.负责任的治理:跨越政策过程中的"责任陷阱"[J].西华师范大学学报(哲学社会科学版),2023(1):20-27.

[111] 翟小会.治理理论视域下基本公共服务均等化的机制创新[J].滁州学院学报,2009,11(4):22-24.

[112] 张康之,张乾友.公共行政的概念[M].北京:中国社会科学出版社,2013.

[113] 张建锋.数字治理:数字时代的治理现代化[M].北京:电子工业出版社,2021.

[114] 赵伯艳.社会组织在公共冲突治理中的角色定位[J].理论探索,2013(1):97-101.

[115] 罗西瑙.没有政府的治理[M].张胜军,刘小琳,等译.南昌:江西人民出版社,2001.

[116] 曾凡军.基于整体性治理的政府组织协调机制研究[M].武汉:武汉大学出版社,2013.

[117] 曾凡军.论整体性治理的深层内核与碎片化问题的解决之道[J].学术论坛,2010(10):32-36.

[118]朱德米.网络状公共治理:合作与共治[J].华中师范大学学报(人文社会科学版),2004,43(2):5-13.

二、英文文献

[119]ALFORD J,O'FLYNN J. Public Value:A Stocktake of Concept[Z]. IRSPM 2008.

[120]JESSOP B. Governance and Meta-governance:On Reflexivity,Requisite Variety,and Requisite Irony[J]. Public Governance,2004,6(1):101-116.

[121]JESSOP B. The Future of the Capitalist State[M]. Cambridge:Polity Press,2002.

[122]JESSOP B. The Rise of Governance and the Risks of Failure:the Case of Economic Development[J]. International Social Science Journal,1998,155(50):29-45.

[123] DERKXA B,GLASBERGENB P. Elaborating Global Private Meta-governance:An Inventory in the Realm of Voluntary Sustainability Standard[J]. Global Environmental Change,2014,27(1):42-57.

[124]STEPHEN B,HINDMOOR A. Rethinking Governance:The Centrality of the State in Modern Society[M]. Cambridge:Cambridge University Press,2009.

[125]PETERS B G. Is Governance for Everybody?[J]. Policy and Society,2014,33(4):301-306.

[126]POLLITT C. Joined-up Government:A Survey[J]. Political StudiesReview,2003(1):34-39.

[127]ANSELL C,LEVI-FAUR D,TRONDAL J. An Organizational-Institutional Approach to Governance[M]//ANSELL C,TRONDAL J,ØGARD M.Governance in Turbulent Times. Oxford:Oxford University Press,2017.

[128] CAPANO G, HOWLETT M, RAMESH M. Varieties of Governance: Dynamics, Strategies, Capacities[M]. London: Palgrave Macmillan, 2015.

[129] CONSIDINE M, LEWIS J M. Bureaucracy, Network, or Enterprise? Comparing Models of Governance in Australia, Britain, the Netherlands, and New Zealand[J]. Public Administration Review, 2003, 63(2): 133-135.

[130] CABLE V. Globalization: Can the State Strike Back?[J]. The World Today, 1996, 52(5): 133.

[131] KETTLE D. Sharing Power: Public Government and Private Markets[M]. Washington: Brookings Institution, 1993.

[132] DUNLEAVY P, MARGETTS H, BASTOW S, et al. Digital Era Governance: IT Corporations, the State, and E-Government[M]. Oxford: Oxford University Press Inc., 2006.

[133] DUNLEAVY P, MARGETTS H. The Second Wave of Digital-era Governance: A Quasi-paradigm for Government on the web[N]. Mathematical, Physical and Engineering Science, 2013-03-28.

[134] KICKERT W J M, KLIJN E, KOPPENJAN J F M. Managing Complex Gerry Stoker. Public Value Management: A New Narrative for Networked Governance?[J]. AmericanReview of Public Administration, 2006, 36(1): 41-57.

[135] SØRENSEN E. Meta-governance: the Changing Role of Politicians in Processes of Democratic Governance[J]. American Review of Public Administration, 2006, 36(1): 100-124.

[136] FERLIE E. Making Wicked Problems Governable?: the case of managed networks in health care[M]. Oxford: Oxford University Press, 2013.

[137] ROSENAU J N. CZEMPIEL E. Governance without Government: Order and Change in World Politics[M]. Cambridge: Cambridge University Press, 1995.

[138] KRASNER S D. Sovereignty[J]. Foreign Policy, 2001, 122: 20-29.

[139] MILAKOVICH M E. Digital Governance: New Technologies For Improving Public Service and Participation[M]. Abingdon: Taylor and Francis, 2012.

[140] WHITEHEAD M. In the Shadow of Hierarchy: Metagovernance, Policy Reform and Urban Regeneration in the West Midlands[J]. Area, 2003, 35(1): 7-8.

[141] PANITCH L. Rethinking the Role of the State[C]// MITTELMAN J H. Globalization: Critical Reflections.London: Lynne Rienner, 1996: 85.

[142] DUNLEAVY P. Digital Era Governance: IT Corporations, the State, and E-Government[M]. Oxford: Oxford University Press, 2006.

[143] PERRI 6, LEAT D, SELTZER K, STOKER G. Towards Holistic Governance: the New Reform Agenda[M]. New York: Palgrave, 2002.

[144] SIX P. Institutional Viability: a Neo-Durkheimian Theory [J]. Innovation-the European Journal of Social Science Research, 2003, 16(4): 395-415.

[145] SIX P. Governance: If Governance is Everything, Maybe it's Nothing[M]// MASSEY A, JOHNSTON K. The International Handbook of Public Administration and Governance. Massachusetts: Edward Elgar Publishing Limited, 2015.

[146] SIX P. Holistic government[M]. London: Demos, 1997.

[147] DAHL R A. The Science of Public Administration: Three Problem[J]. Public Administration Review, 1947(7): 1-11.

[148] STRANGE S. The Retreat of the State[M]. Cambridge: Cambridge University Press, 1996: 54.

[149] WOLF M. Will the Nation-State Survice Globalization?[J]. Foreign Affairs, 2001, 80(1): 178-190.

[150] ZAMORA D, BARAHONA J C, PALACO I. Case: Digital Governance Office [J]. Journal of Business Research, 2016, 6(10): 19-30.

后 记

我在本科和硕士阶段所学专业皆为行政管理,博士阶段所学的专业为马克思主义基本原理。为了实现本硕与博士阶段所学的结合,我的博士毕业论文选择了公共管理学与马克思主义理论相交叉的研究选题:马克思社会治理思想研究。本书将"治理理论"作为研究主题,既是因为"治理"是马克思社会治理思想研究中的一部分,也是因为研究和梳理治理理论可以为马克思社会治理思想研究的写作奠定理论基础。

"治理理论"这一研究主题看似简单,但实际写起来并不轻松,我在搜集和查阅了大量文献的基础上,才艰难完成了这本书的写作。通过本书的写作,我明白要完成一本优秀的学术专著,不仅需要极其认真、严谨的学术态度,还要付出大量的时间和精力,反复琢磨修改。而我深知自身写作水平尚有欠缺,在学术写作这条路上仍有很长的路要走,仍要下足够多的功夫,仍需持之不懈的努力。

在这里,我要对在本书写作过程中帮助过我的人表示感谢。首先,感谢我的博士研究生导师李松玉教授。李老师从一开始就建议我对治理理论进行系统梳理,指出这是研究马克思社会治理思想的前提。而且,李老师在做人做事方面的言传身教,使我受益匪浅。其次,感谢李爱华教授,感谢他在本书写作过程中给予我的帮助和建议。最后,感谢一直默默支持我的父母,正是他们的牺牲和付出,我才能安心写作。在此,我向所有人致以崇高而真挚的敬意!

在本书出版时,我心里仍有一丝不安。由于自身写作水平的局限,本书只对治理理论进行了相对初步的研究和梳理,并且在某些方面还存在着些许问题和不足。在此,我诚恳地希望得到每一位读者的斧正和悉心指教,以进一步完善本书的内容,助力治理理论研究的深化发展。